**KARL MARX
DAS REICH DER FREIHEIT**

INHALT

Einleitung 7

Porträt des Revolutionärs als junger Mann 9
(1837–1843)

Philosophie und Klassenbewusstsein 14
(1844–1847)

Im Feuer der Revolution 20
(1848/49)

Konterrevolution und Revolution in Permanenz 33
(1850–1852)

Neue Einsichten zu Mächtigen und Beherrschten 38
(1852–1858)

Auf dem Weg zur St. Martin's Hall 51
(1859–1864)

Die ökonomische Lehre von Karl Marx 68
(1865–1868)

Himmelsstürmer 79
(1871)

»Sie ist nicht tot …« 87

Zeittafel 93

EINLEITUNG

Karl Marx (1818–1883) war einer der großen Denker des 19. Jahrhunderts und neben Charles Darwin (1809–1882) eine der wenigen Persönlichkeiten seiner Zeit, deren Werk bis heute nachwirkt. Beide haben auf ihre Weise die Welt verändert. Dass sie nach wie vor heftig diskutiert werden, beweist ihre Aktualität. Dieser kleine Band legt eine Auswahl von Gedanken, Aphorismen und Kernsätzen des aus Trier gebürtigen Theoretikers vor, die die Breite seiner Interessen und Themen widerspiegelt.

Bis heute gilt sein Hauptwerk »Das Kapital« (erschienen 1867) als sperrig und schwer lesbar. Dieses Vorurteil erschwert den Blick auf den blendenden Stilisten, geschliffenen Polemiker, den heute noch lesenswerten politischen Journalisten und wunderbar erzählerischen Geschichtsschreiber.

Diese Zusammenstellung ist chronologisch und bewusst nicht thematisch geordnet – zu übergreifend sind viele der Gedankengänge, um sie in Schubladen sortieren zu können. Zudem lässt sich die Entwicklung eines Gedankengebäudes im Verlauf eines ganzen bewussten Lebens so besser mitverfolgen. Eine Auswahl von Gedankensplittern kann nur subjektiv sein. Wer also »sein« Lieblingszitat vermisst, kann dafür zu Recht behaupten, dass er »seinen« Marx bereits entdeckt hat.

Die Zitate sind der ursprünglich 40-bändigen Marx-Engels-Werkausgabe (MEW) entnommen. Angeführt werden jeweils der Titel des Werks, aus dem das Zitat stammt, das Entstehungsjahr, die Seitenangabe der MEW und das Jahr der verwendeten Auflage.

Kurt Lhotzky, Frühjahr 2018

1837–1843   PORTRÄT DES REVOLUTIONÄRS ALS JUNGER MANN

Die Welt, in die der junge Karl Marx hineinwuchs, war geprägt von den Umwälzungen infolge der Französischen Revolution und der napoleonischen Kriege. Es war eine Welt im Umbruch. Die Herrscher Europas wollten mit ihrer »Heiligen Allianz« das Feuer der Revolution ersticken; damit forderten sie die radikal denkende Jugend erst Recht zur Opposition heraus. Mit Feuereifer diskutierten Vertreter aller Klassen und jeden Standes seither neue philosophische Schulen und sozialistische Utopien.

Teurer Vater!
Es gibt Lebensmomente, die wie Grenzmarken vor eine abgelaufene Zeit sich stellen, aber zugleich auf eine neue Richtung mit Bestimmtheit hinweisen. (...) Von dem Idealismus, den ich, beiläufig gesagt, mit Kantischem und Fichteschem verglichen und genährt, geriet ich dazu, im Wirklichen selbst die Idee zu suchen. Hatten die Götter früher über der Erde gewohnt, so waren sie jetzt das Zentrum derselben geworden.
Brief an den Vater, 1837, 40, 3–8 [1973]

Die erste notwendige Bedingung der Freiheit ist aber Selbsterkenntnis, und Selbsterkenntnis ist eine Unmöglichkeit ohne Selbstbekenntnis. *Debatten über Pressfreiheit, 1842, 1, 28 [1976]*

Goethe sagt einmal, dem Maler glückten nur solche weibliche Schönheiten, deren Typus er wenigstens in irgendeinem lebendigen Individuum geliebt habe. Auch die Pressfreiheit ist eine Schönheit – wenn auch gerade keine weibliche – die man geliebt haben muss, um sie verteidigen zu können.
Debatten über Pressfreiheit, 1842, 1, 33 [1976]

PORTRÄT DES REVOLUTIONÄRS ALS JUNGER MANN 1837–1843

Wir haben die feste Überzeugung, dass nicht der *praktische Versuch*, sondern die *theoretische Ausführung* der kommunistischen Ideen die eigentliche *Gefahr* bildet, denn auf praktische Versuche, und seien es *Versuche in Masse*, kann man durch *Kanonen* antworten, sobald sie gefährlich werden, aber *Ideen*, die unsere Intelligenz besiegt, die unsere Gesinnung erobert, an die der Verstand unser Gewissen geschmiedet hat, das sind Ketten, denen man sich nicht entreißt, ohne sein Herz zu zerreißen, das sind Dämonen, welche der Mensch nur besiegen kann, indem er sich ihnen unterwirft.   *Der Kommunismus und die Augsburger »Allgemeine Zeitung«, 1842, 1, 108 [1976]*

Wir müssen uns selbst emanzipieren, ehe wir andere emanzipieren können. Die starrste Form des Gegensatzes zwischen dem Juden und dem Christen ist der religiöse Gegensatz. Wie löst man einen Gegensatz? Dadurch, dass man ihn unmöglich macht. Wie macht man einen religiösen Gegensatz unmöglich? Dadurch, dass man die Religion aufhebt. Sobald Jude und Christ ihre gegenseitigen Religionen nur mehr als verschiedene Entwicklungsstufen des menschlichen Geistes, als verschiedene von der Geschichte abgelegte Schlangenhäute und den Menschen als die Schlange erkennen, die sich in ihnen gehäutet, stehn sie nicht mehr in einem religiösen, sondern nur noch in einem kritischen, wissenschaftlichen, in einem menschlichen Verhältnisse. Die Wissenschaft ist dann ihre Einheit. Gegensätze in der Wissenschaft lösen sich aber durch die Wissenschaft selbst.
Zur Judenfrage, 1843, 1, 348/349 [1976]

Ja, nicht der sogenannte christliche Staat, der das Christentum als seine Grundlage, als Staatsreligion bekennt und sich daher ausschließend zu andern Religionen verhält, ist der vollendete christliche Staat, sondern vielmehr der atheistische Staat, der demokratische Staat, der Staat, der die Religion unter die übrigen Elemente der bürgerlichen Gesellschaft verweist. Dem Staat, der noch Theologe ist, der noch das Glaubensbekenntnis des Christentums auf offizielle Weise ablegt, der sich noch nicht als Staat zu proklamieren wagt, ihm ist es noch nicht gelungen, in weltlicher, menschlicher Form, in seiner Wirklichkeit als Staat die menschliche Grundlage auszudrücken, deren überschwänglicher Ausdruck das Christentum ist. Der sogenannte christliche Staat ist nur einfach der Nichtstaat, weil nicht das Christentum als Religion, sondern nur der menschliche Hintergrund der christlichen Religion in wirklich menschlichen Schöpfungen sich ausführen kann.   *Zur Judenfrage, 1843, 1, 357 [1976]*

Das Fundament der irreligiösen Kritik ist: Der Mensch macht die Religion, die Religion macht nicht den Menschen. Und zwar ist die Religion das Selbstbewusstsein und das Selbstgefühl des Menschen, der sich selbst entweder noch nicht erworben oder schon wieder verloren hat. Aber der Mensch, das ist kein abstraktes, außer der Welt hockendes Wesen. Der Mensch, das ist die Welt des Menschen, Staat, Sozietät. Dieser Staat, diese Sozietät produzieren die Religion, ein verkehrtes Weltbewusstsein, weil sie eine verkehrte Welt sind. Die Religion ist die allgemeine Theorie dieser Welt, ihr enzyklopädisches Kompendium, ihre Logik in populärer Form, ihr spiritualistischer Point-d'honneur [Ehrenpunkt], ihr Enthusiasmus, ihre moralische Sanktion, ihre feierliche Ergänzung, ihr allgemeiner Trost- und Rechtfertigungsgrund. Sie ist die phantastische Verwirklichung des menschlichen Wesens, weil das menschliche Wesen keine wahre Wirklichkeit besitzt. Der Kampf gegen die Religion ist also mittelbar der Kampf gegen jene Welt, deren geistiges Aroma die Religion ist.

Das religiöse Elend ist in einem der Ausdruck des wirklichen Elendes und in einem die Protestation gegen das wirkliche Elend. Die Religion ist der Seufzer der bedrängten Kreatur, das Gemüt einer herzlosen Welt, wie sie der Geist geistloser Zustände ist. Sie ist das Opium des Volkes.

Zur Kritik der Hegelschen Rechtsphilosophie. Einleitung, 1844, 1, 378 [1976]

Gutmütige Enthusiasten dagegen, Deutschtümler von Blut und Freisinnige von Reflexion, suchen unsere Geschichte der Freiheit jenseits unserer Geschichte in den teutonischen Urwäldern. Wodurch unterscheidet sich aber unsere Freiheitsgeschichte von der Freiheitsgeschichte des Ebers, wenn sie nur in den Wäldern zu finden ist? Zudem ist bekannt: Wie man hineinschreit in den Wald, schallt es heraus aus dem Wald. Also Friede den teutonischen Urwäldern! *Zur Kritik der Hegelschen Rechtsphilosophie. Einleitung, 1844, 1, 380 [1976]*

Die Waffe der Kritik kann allerdings die Kritik der Waffen nicht ersetzen, die materielle Gewalt muss gestürzt werden durch materielle Gewalt, allein auch die Theorie wird zur materiellen Gewalt, sobald sie die Massen ergreift. Die Theorie ist fähig, die Massen zu ergreifen, sobald sie ad hominem [am Menschen] demonstriert, und sie demonstriert ad hominem, sobald sie radikal wird. Radikal sein ist die Sache an der Wurzel fassen. Die Wurzel für den Menschen ist aber der Mensch selbst. Der evidente Beweis für den Radikalismus der deutschen Theorie, also für ihre praktische Energie, ist ihr Ausgang von der entschiedenen positiven Aufhebung der Religion. Die Kritik der Religion endet mit der Lehre, dass der Mensch das höchste Wesen für den Menschen

sei, also mit dem kategorischen Imperativ, alle Verhältnisse umzuwerfen, in denen der Mensch ein erniedrigtes, ein geknechtetes, ein verlassenes, ein verächtliches Wesen ist. Verhältnisse, die man nicht besser schildern kann als durch den Ausruf eines Franzosen bei einer projektierten Hundesteuer: Arme Hunde! Man will euch wie Menschen behandeln!
*Zur Kritik der Hegelschen Rechtsphilosophie.
Einleitung, 1844, 1, 385 [1976]*

In Deutschland kann keine Art der Knechtschaft gebrochen werden, ohne jede Art der Knechtschaft zu brechen. Das gründliche Deutschland kann nicht revolutionieren, ohne von Grund aus zu revolutionieren. Die Emanzipation des Deutschen ist die Emanzipation des Menschen. Der Kopf dieser Emanzipation ist die Philosophie, ihr Herz das Proletariat. Die Philosophie kann sich nicht verwirklichen ohne die Aufhebung des Proletariats, das Proletariat kann sich nicht aufheben ohne die Verwirklichung der Philosophie. *Zur Kritik der Hegelschen Rechtsphilosophie.
Einleitung, 1844, 1, 391 [1976]*

PHILOSOPHIE UND KLASSENBEWUSSTSEIN 1844–1847

Georg Wilhelm Friedrich Hegel (1770–1831) beeinflusste mit seiner dialektischen Methode und seinem Anspruch einer umfassenden Deutung der Wirklichkeit die zeitgenössische Intelligenz in Preußen und den anderen deutschen Staaten. Während die »Althegelianer« einen staatserhaltenden Weg wählten, wandten sich die Linkshegelianer gegen Monarchie, Religion und die tradierte staatliche Ordnung. Inmitten dieser geistigen Gärungsprozesse an den Universitäten, die oft genug Unterdrückungsmaßnahmen und Zensur erfahren mussten, formte sich die auf revolutionäre Praxis zielende Gedankenwelt des jungen Karl Marx.

Die Entfremdung des Arbeiters in seinem Gegenstand drückt sich nach nationalökonomischen Gesetzen so aus, dass, je mehr der Arbeiter produziert, er umso weniger zu konsumieren hat, dass, je mehr Werte er schafft, er umso wertloser, umso unwürdiger wird, dass, je geformter sein Produkt, umso missförmiger der Arbeiter, dass, je zivilisierter sein Gegenstand, umso barbarischer der Arbeiter, dass, umso mächtiger die Arbeit, umso ohnmächtiger der Arbeiter wird, dass, je geistreicher die Arbeit, umso mehr geistloser und Naturknecht der Arbeiter wird.
Ökonomisch-philosophische Manuskripte, 1844,
Erg.-Bd. 1, 513 [1976]

Es ist wahr, die alte Welt gehört dem Philister [Kleinbürger]. Aber wir dürfen ihn nicht wie einen Popanz behandeln, von dem man sich ängstlich wegwendet. Wir müssen ihn vielmehr genau ins Auge fassen. Es lohnt sich, diesen Herrn der Welt zu studieren. Herr der Welt ist er freilich nur, indem er sie, wie die Würmer einen Leichnam, mit seiner Gesellschaft ausfüllt. Die Gesellschaft dieser Herren braucht darum nichts weiter als eine Anzahl Sklaven, und die Eigentümer der Sklaven brauchen nicht frei zu sein. Wenn sie wegen ihres Eigentums an Land und Leuten Herren im eminenten Sinne genannt werden, sind sie darum nicht weniger Philister als ihre Leute.

Menschen, das wären geistige Wesen, freie Männer, Republikaner. Beides wollen die Spießbürger nicht sein.

Briefe aus den Deutsch-Französischen Jahrbüchern,
1844, 1, 338 [1976]

Von unserer Seite muss die alte Welt vollkommen ans Tageslicht gezogen und die neue positiv ausgebildet werden. Je länger die Ereignisse der denkenden Menschheit Zeit lassen, sich zu besinnen, und der leidenden, sich zu sammeln, umso vollendeter wird das Produkt in die Welt treten, welches die Gegenwart in ihrem Schoße trägt.

Briefe aus den Deutsch-Französischen Jahrbüchern,
1844, 1, 340 [1976]

Feuerbach geht aus von dem Faktum der religiösen Selbstentfremdung, der Verdopplung der Welt in eine religiöse, vorgestellte und eine wirkliche Welt. Seine Arbeit besteht darin, die religiöse Welt in ihre weltliche Grundlage aufzulösen. Er übersieht, dass nach Vollbringung dieser Arbeit die Hauptsache noch zu tun bleibt. Die Tatsache nämlich, dass die weltliche Grundlage sich von sich selbst abhebt und sich, ein selbständiges Reich, in den Wolken fixiert, ist eben nur aus der Selbstzerrissenheit und dem Sich-selbst-widersprechen dieser weltlichen Grundlage zu erklären. Diese selbst muss also erstens in ihrem Widerspruch verstanden und sodann durch Beseitigung des Widerspruchs praktisch revolutioniert werden. Also z. B., nachdem die irdische Familie als

das Geheimnis der heiligen Familie entdeckt ist, muss nun ersteres selbst theoretisch kritisiert und praktisch umgewälzt werden.
Thesen über Feuerbach, 1845, 3, 534 [1978]

Feuerbach löst das religiöse Wesen in das menschliche Wesen auf. Aber das menschliche Wesen ist kein dem einzelnen Individuum innewohnendes Abstraktum. In seiner Wirklichkeit ist es das Ensemble der gesellschaftlichen Verhältnisse.
Thesen über Feuerbach, 1845, 3, 534 [1978]

Die Philosophen haben die Welt nur verschieden *interpretiert*; es kommt aber darauf an, sie zu *verändern*.
Thesen über Feuerbach, 1845, 3, 535 [1978]

Die Gedanken der herrschenden Klasse sind in jeder Epoche die herrschenden Gedanken, d. h. die Klasse, welche die herrschende materielle Macht der Gesellschaft ist, ist zugleich ihre herrschende geistige Macht. Die Klasse, die die Mittel zur materiellen Produktion zu ihrer Verfügung hat, disponiert damit zugleich über die Mittel zur geistigen Produktion, so dass ihr damit zugleich im Durchschnitt die Gedanken derer, denen die Mittel zur geistigen Produktion abgehen, unterworfen sind. Die herrschenden Gedanken sind weiter nichts als der ideelle Ausdruck der herrschenden materiellen Verhältnisse, die als Gedanken gefassten herrschenden materiellen Verhältnisse; also der Verhältnisse, die eben die eine Klasse zur herrschenden machen, also die Gedanken ihrer Herrschaft. Die Individuen, welche die herrschende Klasse ausmachen, haben unter anderm auch Bewusstsein und denken daher; insofern sie also als Klasse herrschen und den ganzen Umfang einer Geschichtsepoche bestimmen, versteht es sich von selbst, dass sie dies in ihrer ganzen Ausdehnung tun, also unter andern auch als Denkende, als Produzenten von Gedanken herrschen, die Produktion und Distribution der Gedanken ihrer Zeit regeln; dass also ihre Gedanken die herrschenden Gedanken der Epoche sind. Zu einer Zeit z. B. und in einem Lande, wo königliche Macht, Aristokratie und Bourgeoisie sich um die Herrschaft streiten, wo also die Herrschaft geteilt ist, zeigt sich als herrschender Gedanke die Doktrin von der Teilung der Gewalten, die nun als ein »ewiges Gesetz« ausgesprochen wird.

Die deutsche Ideologie, 1845, 3, 46 [1978]

Schließlich erhalten wir noch folgende Resultate aus der entwickelten Geschichtsauffassung: 1. In der Entwicklung der Produktivkräfte tritt eine Stufe ein, auf welcher Produktionskräfte und Verkehrsmittel hervorgerufen werden, welche unter den bestehenden Verhältnissen nur Unheil anrichten, welche keine Produktionskräfte mehr sind, sondern Destruktionskräfte (Maschinerie und Geld) – und was damit zusammenhängt, dass eine Klasse hervorgerufen wird, welche alle Lasten der Gesellschaft zu tragen hat, ohne ihre Vorteile zu genießen, welche aus der Gesellschaft herausgedrängt, in den entschiedensten Gegensatz zu allen andern Klassen forciert wird; eine Klasse, die die Majorität aller Gesellschaftsmitglieder bildet und von der das Bewusstsein über die Notwendigkeit einer gründlichen Revolution, das kommunistische Bewusstsein, ausgeht, das sich natürlich auch unter den andern Klassen vermöge der Anschauung der Stellung dieser Klasse bilden kann; 2. dass die Bedingungen, innerhalb deren bestimmte Produktionskräfte angewandt werden können, die Bedingungen der Herrschaft einer bestimmten Klasse der Gesellschaft sind, deren soziale, aus ihrem Besitz hervorgehende Macht in der jedesmaligen Staatsform ihren praktisch-idealistischen Ausdruck hat, und deshalb jeder revolutionäre Kampf gegen eine Klasse, die bisher geherrscht hat, sich richtet; 3. dass in allen bisherigen Revolutionen die Art der Tätigkeit stets unangetastet blieb und es sich nur um eine andre Distribution dieser Tätigkeit, um eine neue Verteilung der Arbeit an andre Personen handelte, während die kommunistische Revolution sich gegen die bisherige Art der Tätigkeit richtet, die Arbeit beseitigt und die Herrschaft aller Klassen mit den Klassen selbst aufhebt, weil sie durch die Klasse bewirkt wird, die in der Gesellschaft für keine Klasse mehr gilt, nicht als Klasse anerkannt wird, schon der Ausdruck der Auflösung aller Klassen, Nationalitäten etc. innerhalb der jetzigen Gesellschaft ist; und 4. dass sowohl zur massenhaften Erzeugung dieses kommunistischen Bewusstseins wie zur Durchsetzung der Sache selbst eine massenhafte Veränderung der Menschen nötig ist, die nur in einer praktischen Bewegung, in einer Revolution vor sich gehen kann; dass also die Revolution nicht nur nötig ist, weil die herrschende Klasse auf keine andre Weise gestürzt werden kann, sondern auch, weil die stürzende Klasse nur in einer Revolution dahin kommen kann, sich den ganzen alten Dreck vom Halse zu schaffen und zu einer neuen Begründung der Gesellschaft befähigt zu werden.

Die deutsche Ideologie, 1845, 3, 69 f. [1978]

Eine unterdrückte Klasse ist die Lebensbedingung jeder auf den Klassengegensatz begründeten Gesellschaft. Die Befreiung der unterdrückten Klasse schließt also notwendigerweise die Schaffung einer neuen Gesellschaft ein. Soll die unterdrückte Klasse sich befreien können, so muss eine Stufe erreicht sein, auf der die bereits erworbenen Produktivkräfte und die geltenden gesellschaftlichen Einrichtungen nicht mehr nebeneinander bestehen können. Von allen Produktionsinstrumenten ist die größte Produktivkraft die revolutionäre Klasse selbst. Die Organisation der revolutionären Elemente als Klasse setzt die fertige Existenz aller Produktivkräfte voraus, die sich überhaupt im Schoß der alten Gesellschaft entfalten konnten.

Das Elend der Philosophie, 1846/47, 3, 181 [1980]

IM FEUER DER REVOLUTION — 1848/49

Nach seiner Promotion 1841 konnte sich der radikale Feuerkopf Marx eine akademische Laufbahn abschminken – die preußische Geheimpolizei hatte ihn als Linkshegelianer im Visier. Als Redakteur der »Rheinischen Zeitung« vertrat er radikaldemokratische Positionen, mit denen er weiterhin als staatsgefährdend galt. Im erzwungenen Exil, das seine frisch angetraute Frau Jenny mit ihm teilte, knüpfte er Kontakte zu sozialistischen Gruppen. Gemeinsam mit seinem lebenslangen Freund und Kampfgenossen Friedrich Engels (1820–1895) arbeitete er an einem neuen kommunistischen Gedankengebäude, zudem beteiligten sich beide an der revolutionären Bewegung, die im März 1848 ausbrach, Marx als Chefredakteur der »Neuen Rheinischen Zeitung«, Engels in der badischen Revolutionsarmee.

Übrigens ist das Schutzzollsystem nur ein Mittel, in einem Lande die Großindustrie aufzuziehen, das heißt, es vom Weltmarkt abhängig zu machen; und von dem Augenblick an, wo man vom Weltmarkt abhängt, hängt man schon mehr oder weniger vom Freihandel ab. Außerdem entwickelt das Schutzzollsystem die freie Konkurrenz im Innern eines Landes. Deshalb sehen wir, dass in den Ländern, wo die Bourgeoisie anfängt, sich als Klasse Geltung zu verschaffen, wie zum Beispiel in Deutschland, sie große Anstrengungen macht, Schutzzölle zu bekommen. Dieselben sind für sie Waffen gegen den Feudalismus und die absolute Staatsgewalt, sie sind für sie ein Mittel, ihre Kräfte zu konzentrieren und den Freihandel im Innern des Landes selbst zu realisieren.

Aber im Allgemeinen ist heutzutage das Schutzzollsystem konservativ, während das Freihandelssystem zerstörend wirkt. Es zersetzt die bisherigen Nationalitäten und treibt den Gegensatz zwischen Proletariat und Bourgeoisie auf die Spitze. Mit einem Wort, das System der Handelsfreiheit beschleunigt die soziale

Revolution. Und nur in diesem revolutionären Sinne, meine Herren, stimme ich für den Freihandel.

Rede über die Frage des Freihandels, 1848, 4, 457 f. [1980]

Ein Gespenst geht um in Europa – das Gespenst des Kommunismus. Alle Mächte des alten Europa haben sich zu einer heiligen Hetzjagd gegen dies Gespenst verbündet, der Papst und der Zar, Metternich und Guizot, französische Radikale und deutsche Polizisten.

Wo ist die Oppositionspartei, die nicht von ihren regierenden Gegnern als kommunistisch verschrien worden wäre, wo die Oppositionspartei, die den fortgeschritteneren Oppositionsleuten sowohl wie ihren reaktionären Gegnern den brandmarkenden Vorwurf des Kommunismus nicht zurückgeschleudert hätte?

Zweierlei geht aus dieser Tatsache hervor.

Der Kommunismus wird bereits von allen europäischen Mächten als eine Macht anerkannt.

Es ist hohe Zeit, dass die Kommunisten ihre Anschauungsweise, ihre Zwecke, ihre Tendenzen vor der ganzen Welt offen darlegen und dem Märchen vom Gespenst des Kommunismus ein Manifest der Partei selbst entgegenstellen.

Manifest der Kommunistischen Partei, 1848, 4, 461 [1980]

Die Waffen, womit die Bourgeoisie den Feudalismus zu Boden geschlagen hat, richten sich jetzt gegen die Bourgeoisie selbst.

Aber die Bourgeoisie hat nicht nur die Waffen geschmiedet, die ihr den Tod bringen; sie hat auch die Männer gezeugt, die diese Waffen führen werden – die modernen Arbeiter, die *Proletarier*.

In demselben Maße, worin sich die Bourgeoisie, d. h. das Kapital, entwickelt, in demselben Maße entwickelt sich das Proletariat,

die Klasse der modernen Arbeiter, die nur so lange leben, als sie Arbeit finden, und die nur so lange Arbeit finden, als ihre Arbeit das Kapital vermehrt. Diese Arbeiter, die sich stückweis verkaufen müssen, sind eine Ware wie jeder andere Handelsartikel und daher gleichmäßig allen Wechselfällen der Konkurrenz, allen Schwankungen des Marktes ausgesetzt.
Manifest der Kommunistischen Partei, 1848, 4, 468 [1980]

Die Mittelstände, der kleine Industrielle, der kleine Kaufmann, der Handwerker, der Bauer, sie alle bekämpfen die Bourgeoisie, um ihre Existenz als Mittelstände vor dem Untergang zu sichern. Sie sind also nicht revolutionär, sondern konservativ. Noch mehr, sie sind reaktionär, sie suchen das Rad der Geschichte zurückzudrehen. Sind sie revolutionär, so sind sie es im Hinblick auf den ihnen bevorstehenden Übergang ins Proletariat, so verteidigen sie nicht ihre gegenwärtigen, sondern ihre zukünftigen Interessen, so verlassen sie ihren eigenen Standpunkt, um sich auf den des Proletariats zu stellen.
Manifest der Kommunistischen Partei, 1848, 4, 472 [1980]

In der bürgerlichen Gesellschaft ist die lebendige Arbeit nur ein Mittel, die aufgehäufte Arbeit zu vermehren. In der kommunistischen Gesellschaft ist die aufgehäufte Arbeit nur ein Mittel, um den Lebensprozess der Arbeiter zu erweitern, zu bereichern, zu befördern.
In der bürgerlichen Gesellschaft herrscht also die Vergangenheit über die Gegenwart, in der kommunistischen die Gegenwart über die Vergangenheit. In der bürgerlichen Gesellschaft ist das Kapital selbständig und persönlich, während das tätige Individuum unselbständig und unpersönlich ist.

Und die Aufhebung dieses Verhältnisses nennt die Bourgeoisie Aufhebung der Persönlichkeit und Freiheit! Und mit Recht. Es handelt sich allerdings um die Aufhebung der Bourgeois-Persönlichkeit, -Selbständigkeit und -Freiheit.
Manifest der Kommunistischen Partei, 1848, 4, 476 [1980]

Ein Teil der Bourgeoisie wünscht den sozialen Missständen abzuhelfen, um den Bestand der bürgerlichen Gesellschaft zu sichern. Es gehören hierher: Ökonomisten, Philanthropen, Humanitäre, Verbesserer der Lage der arbeitenden Klassen, Wohltätigkeitsorganisierer, Abschaffer der Tierquälerei, Mäßigkeitsvereinsstifter, Winkelreformer der buntscheckigsten Art. Und auch zu ganzen Systemen ist dieser Bourgeoissozialismus ausgearbeitet worden.
Manifest der Kommunistischen Partei, 1848, 4, 488 [1980]

Die Kommunisten verschmähen es, ihre Ansichten und Absichten zu verheimlichen. Sie erklären es offen, dass ihre Zwecke nur erreicht werden können durch den gewaltsamen Umsturz aller bisherigen Gesellschaftsordnung. Mögen die herrschenden Klassen vor einer kommunistischen Revolution zittern. Die Proletarier haben nichts in ihr zu verlieren als ihre Ketten. Sie haben eine Welt zu gewinnen.
Proletarier aller Länder, vereinigt euch!
Manifest der Kommunistischen Partei, 1848, 4, 493 [1980]

Die Krakauer Revolution hat ganz Europa ein ruhmreiches Beispiel gegeben, weil sie die Sache der Nation mit der Sache der Demokratie und der Befreiung der unterdrückten Klasse identifizierte.

Wenn auch im Moment diese Revolution von den blutigen Händen bezahlter Mörder erstickt worden ist, so erhebt sie sich doch jetzt glorreich und triumphierend in der Schweiz und in Italien. Sie findet ihre Prinzipien in Irland bestätigt, wo die eng auf nationale Ziele begrenzte Partei mit O'Connell ins Grab gesunken ist, die neue nationale Partei aber sich vor allem für Reformen und Demokratie einsetzt.

Wiederum ist es Polen, das die Initiative ergriffen hat, aber nunmehr nicht das feudale Polen, sondern das demokratische Polen; und seit diesem Zeitpunkt ist seine Befreiung Ehrensache aller Demokraten Europas geworden. *Rede auf der Gedenkfeier [zum Gedenken an den Krakauer Aufstand von 1846], 1848, 4, 522 [1980]*

Unmittelbar nach meiner Festnahme begab sich meine Frau zu dem Präsidenten der Demokratischen Gesellschaft Belgiens, Herrn Jottrand, um ihn zu veranlassen, die erforderlichen Schritte einzuleiten. Bei ihrer Rückkehr findet sie zu Hause an der Tür einen Polizisten vor, der ihr mit exquisiter Höflichkeit erklärt, sie brauche ihm nur zu folgen, wenn sie Herrn Marx sprechen wolle. Meine Frau nimmt das Angebot bereitwilligst an. Sie wird zum Polizeibüro geführt, und der Kommissar erklärt ihr zunächst, Herr Marx sei nicht da. Dann fragt er sie barsch, wer sie sei, was sie bei Herrn Jottrand zu suchen hätte und ob sie ihre Papiere bei sich habe. Ein belgischer Demokrat, Herr Gigot, der meiner Frau und dem Polizisten auf das Polizeibüro gefolgt war, empört sich über die ebenso unsinnigen wie unverschämten Fragen des Kommissars und wird von Polizisten, die ihn packen und ins Gefängnis werfen, zum Schweigen gebracht. Unter dem Vorwand der Landstreicherei wird meine Frau ins Gefängnis des Rathauses abgeführt und mit Straßenmädchen zusammen in einen dunklen

Saal gesperrt. Um elf Uhr morgens wird sie am helllichten Tage in Begleitung einer ganzen Eskorte von Gendarmen in das Amtszimmer des Untersuchungsrichters geführt. Zwei Stunden lang wird sie trotz schärfsten Einspruchs von allen Seiten in Einzelverwahrung gehalten. Dort verbleibt sie, ausgesetzt der ganzen Unbill der Jahreszeit und den schamlosesten Reden der Gendarmen.
Sie erscheint schließlich vor dem Untersuchungsrichter, der ganz erstaunt darüber ist, dass die Polizei in ihrer Fürsorge nicht auch die kleinen Kinder festgenommen hat. Die Vernehmung konnte nichts anderes als ein Scheinverhör sein, und das ganze Verbrechen meiner Frau besteht darin, dass sie trotz ihrer Zugehörigkeit zur preußischen Aristokratie die demokratischen Auffassungen ihres Mannes teilt. *Brief an den Redakteur der Zeitung »La Réforme«, 1848, 4, 536 [1980]*

Unter dem Titel »Neue Rheinische Zeitung« und unter der Leitung von Herrn Karl Marx wird hier in Köln ab 1. Juni d. J. eine neue Tageszeitung herausgegeben. Diese Zeitung wird bei uns im Norden Europas die gleichen demokratischen Grundsätze verfechten, die »L'Alba« in Italien vertritt. Es kann daher nicht zweifelhaft sein, welche Stellung wir hinsichtlich der gegenwärtig schwebenden italienisch-österreichischen Frage einnehmen werden. Wir werden die Sache der italienischen Unabhängigkeit verteidigen und den österreichischen Despotismus in Italien genau wie in Deutschland und Polen auf Tod und Leben bekämpfen. Wir reichen dem italienischen Volk brüderlich die Hand und wollen ihm zeigen, dass die deutsche Nation in jeder Weise die Unterdrückungspolitik verwirft, die bei Ihnen von den gleichen Leuten durchgeführt wird, die auch bei uns immer die Freiheit verfolgt haben. Wir wollen alles tun, um die Einigkeit und das gute Einvernehmen der beiden großen und freien Nationen her-

IM FEUER DER REVOLUTION — 1848/49

beizuführen, die ein schändliches Regierungssystem bisher glauben ließ, sie seien Feinde. Aus diesem Grunde werden wir fordern, dass die brutale österreichische Soldateska unverzüglich Italien verlässt und das italienische Volk ohne jede Bevormundung eine Regierungsform wählen kann, die seinem Willen entspricht. *Brief an den Redakteur der Zeitung »La Réforme«, 1848, 5, 8 [1982]*

Die Pariser Arbeiter sind erdrückt worden von der Übermacht, sie sind ihr nicht erlegen. Sie sind geschlagen, aber ihre Gegner sind besiegt. Der augenblickliche Triumph der brutalen Gewalt ist erkauft mit der Vernichtung aller der Täuschungen und Einbildungen der Februarrevolution, mit der Auflösung der ganzen alt-republikanischen Partei, mit der Zerklüftung der französischen Nation in zwei Nationen, die Nation der Besitzer und die Nation der Arbeiter. Die trikolore Republik trägt nur mehr eine Farbe, die Farbe der Geschlagenen, die Farbe des Bluts. Sie ist zur roten Republik geworden. *Die Junirevolution, 1848, 5, 133 [1982]*

Es wäre leichter, die Griechen wiederzuerkennen unter den Tierformen, worin die Circe sie verwandelt, als die konstitutionellen Institutionen unter den Phantasiegebilden, worin das Preußentum sie umzaubert und sein Ministerium der Tat.
Der Bürgerwehrgesetzentwurf, 1848, 5, 246 [1982]

Das Recht der demokratischen Volksmassen, durch ihre Anwesenheit auf die Haltung konstituierender Versammlungen moralisch einzuwirken, ist ein altes revolutionäres Volksrecht, das seit der englischen und französischen Revolution in keiner stürmischen Zeit entbehrt werden konnte. Diesem Recht verdankt die Geschichte fast alle energischen Schritte solcher Versammlungen. Wenn die Ansässigen des »Rechtsbodens«, wenn die furchtsamen und philiströsen Freunde der »Freiheit der Beratungen« dagegen jammern, so hat dies keinen andern Grund als den, dass sie überhaupt keine energischen Beschlüsse wollen.

Die Freiheit der Beratungen in Berlin, 1848, 5, 406 [1982]

Man wird uns fragen, ob wir keine Träne, keinen Seufzer, kein Wort für die Opfer haben, welche vor der Wut des Volkes fielen, für die Nationalgarde, die Mobilgarde, die republikanische Garde, die Linie?

Der Staat wird ihre Witwen und Waisen pflegen, Dekrete werden sie verherrlichen, feierliche Leichenzüge werden ihre Reste zur Erde bestatten, die offizielle Presse wird sie unsterblich erklären, die europäische Reaktion wird ihnen huldigen vom Osten bis zum Westen. Aber die Plebejer, vom Hunger zerrissen, von der Presse geschmäht, von den Ärzten verlassen, von den Honetten Diebe gescholten, Brandstifter, Galeerensklaven, ihre Weiber und Kinder in noch grenzenloseres Elend gestürzt, ihre besten Lebenden über die See deportiert – ihnen den Lorbeer um die drohend finstere Stirn zu winden, das ist das *Vorrecht*, das ist das *Recht der demokratischen Presse.*   *Die Junirevolution, 1848, 5, 136 f. [1982]*

Nachdem Gott die Welt und die Könige von Gottes Gnaden geschaffen hatte, überließ er die kleinere Industrie den Menschen. »Waffen« sogar und Lieutenantsuniformen werden auf profanem Wege fabriziert, und der profane Weg der Fabrikation schafft nicht wie die himmlische Industrie aus nichts. Er bedarf des Rohmaterials, der Arbeitsinstrumente und des Arbeitslohns, lauter

Sachen, die man unter dem schlichten Namen Produktionskosten zusammenfasst. Diese Produktionskosten werden für den Staat durch die Steuern aufgebracht, und die Steuern werden durch die Nationalarbeit aufgebracht. Im ökonomischen Sinne bleibt es also ein Rätsel, wie irgendein König irgendeinem Volke irgendetwas geben kann. Erst muss das Volk Waffen machen und dem Könige Waffen geben, um vom Könige Waffen erhalten zu können. Der König kann immer nur geben, was ihm gegeben wird. So im ökonomischen Sinne. Die konstitutionellen Könige erstehen aber gerade in Augenblicken, wo man diesem ökonomischen Geheimnisse auf die Spur kommt. Die ersten Anlässe zum Sturze der Könige von Gottes Gnaden waren daher stets – Steuerfragen.
Antwort Friedrich Wilhelm IV. an die Deputation der Bürgerwehr, 1848, 5, 431 f. [1982]

In Wien ist soeben der zweite Akt des Dramas aufgeführt worden, dessen ersten Akt man zu Paris spielte unter dem Titel: »Die Junitage«. Zu Paris Mobile, zu Wien »Kroaten« – in beiden Lazzaronis, bewaffnetes und erkauftes Lumpenproletariat gegen das arbeitende und denkende Proletariat. Zu Berlin werden wir bald den dritten Akt erleben.*

Sieg der Kontrerevolution zu Wien, 1848, 5, 457 [1982]

Wir haben der rechten Seite vorausgesagt, was ihrer warte, wenn die Kamarilla siegt – ein Trinkgeld und Fußtritte. Wir haben uns

---

* Im Juni 1848 spielte die neugegründete Mobilgarde eine wichtige Rolle bei der Niederschlagung der Revolution, in Wien waren es die kroatischen Reiter des Ban Jelacic. Beide verkörperten für Marx die untersten, oft kriminellen Schichten. Lazzaroni: Bezeichnung für die oft unterstandslose Unterschicht Neapels. – Anm. d. Hrsg.

getäuscht. Noch ist der Kampf nicht entschieden, und schon erhalten sie Fußtritte von ihren Prinzipalen, ohne ein Trinkgeld zu erhalten. *Bekenntnisse einer schönen Seele, 1848, 6, 24 [1982]*

Die deutsche Bourgeoisie hatte sich so träg, feig und langsam entwickelt, dass im Augenblicke, wo sie gefahrdrohend dem Feudalismus und Absolutismus gegenüberstand, sie selbst sich gefahrdrohend gegenüber das Proletariat erblickte und alle Fraktionen des Bürgertums, deren Interessen und Ideen dem Proletariat verwandt sind. Und nicht nur eine Klasse hinter sich, ganz Europa sah sie feindlich vor sich. Die preußische Bourgeoisie war nicht, wie die französische von 1789, die Klasse, welche die ganze moderne Gesellschaft den Repräsentanten der alten Gesellschaft, dem Königtum und dem Adel, gegenüber vertrat. Sie war zu einer Art von Stand herabgesunken, ebenso ausgeprägt gegen die Krone als gegen das Volk, oppositionslustig gegen beide, unentschlossen gegen jeden ihrer Gegner einzeln genommen, weil sie immer beide vor oder hinter sich sah; von vornherein zum Verrat gegen das Volk und zum Kompromiss mit dem gekrönten Vertreter der alten Gesellschaft geneigt, weil sie selbst schon zur alten Gesellschaft gehörte; nicht die Interessen einer neuen Gesellschaft gegen eine alte, sondern erneute Interessen innerhalb einer veralteten Gesellschaft vertretend; nicht an dem Steuerruder der Revolution, weil das Volk hinter ihr stand, sondern weil das Volk sie vor sich herdrängte; nicht an der Spitze, weil sie die Initiative einer neuen, sondern nur weil sie die Ranküne einer alten Gesellschaftsepoche vertrat; eine nicht zum Durchbruch gekommene Schichte des alten Staats durch ein Erdbeben auf die Oberfläche des neuen Staats geworfen; ohne Glauben an sich selbst, ohne Glauben an das Volk, knurrend gegen oben, zitternd gegen unten, egoistisch nach beiden Seiten und sich ihres Egoismus bewusst,

IM FEUER DER REVOLUTION 1848/49

revolutionär gegen die Konservativen, konservativ gegen die Revolutionäre, ihren eigenen Stichworten misstrauend, Phrasen statt Ideen, eingeschüchtert vom Weltsturm, den Weltsturm exploitierend – Energie nach keiner Richtung, Plagiat nach allen Richtungen, gemein, weil sie nicht originell war, originell in der Gemeinheit – schachernd mit ihren eigenen Wünschen, ohne Initiative, ohne Glauben an sich selbst, ohne Glauben an das Volk, ohne weltgeschichtlichen Beruf – ein vermaledeiter Greis, der sich dazu verdammt sah, die ersten Jugendströmungen eines robusten Volks in seinem eigenen altersschwachen Interesse zu leiten und abzuleiten – ohn' Aug! ohn' Ohr! ohn' Zahn, ohn' alles – so fand sich die preußische Bourgeoisie nach der Märzrevolution am Ruder des preußischen Staates.

Die Bourgeoisie und die Kontrerevolution, 1848, 6, 108 f. [1982]

Die Niederlage der Arbeiterklasse in Frankreich, der Sieg der französischen Bourgeoisie war gleichzeitig die neue Knebelung der Nationalitäten, die das Krähen des gallischen Hahns mit heroischen Emanzipationsversuchen beantwortet hatten. Polen, Italien und Irland wurden noch einmal von preußischen, österreichischen und englischen Sbirren* gebrandschatzt, geschändet, gemeuchelmordet. Die Niederlage der Arbeiterklasse in Frankreich, der Sieg der französischen Bourgeoisie war gleichzeitig die Niederlage der Mittelklassen in allen europäischen Ländern, wo die Mittelklassen, einen Augenblick mit dem Volke vereint, das Krähen des gallischen Hahns mit blutiger Schilderhebung gegen den Feudalismus beantwortet hatten. Neapel, Wien, Berlin! Die Niederlage der Arbeiterklasse in Frankreich, der Sieg der franzö-

---

* Sbirre, von italienisch *sbirri*, Spitzel, im 19. Jahrhundert als herabsetzende Bezeichnung für Polizisten, Agenten und Ordnungshüter aller Art verbreitet. – Anm. d. Hrsg.

sischen Bourgeoisie war gleichzeitig der Sieg des Ostens über den Westen, die Niederlage der Zivilisation unter der Barbarei.
Die revolutionäre Bewegung, 1849, 6, 149 [1982]

Die öffentliche Mildtätigkeit hat bekanntlich in England, wo die Herrschaft der Bourgeoisie am entwickeltsten ist, auch die edelsten und hochherzigsten Formen angenommen. Die englischen workhouses – öffentliche Anstalten, worin die überzählige Arbeiterbevölkerung auf Kosten der bürgerlichen Gesellschaft fortvegetiert – verknüpfen in wahrhaft raffinierter Weise die Mildtätigkeit mit der Rache, welche die Bourgeoisie an den Elenden auslässt, die gezwungen sind, an ihre Mildtätigkeit zu appellieren. Die armen Teufel werden nicht nur mit den elendesten, kümmerlichsten und kaum zur physischen Reproduktion ausreichenden Lebensmitteln gefüttert, auch ihre Tätigkeit wird auf eine ekelerregende, Geist und Körper abstumpfende, unproduktive Scheinarbeit beschränkt – z. B. Anspannung bei den Tretmühlen.
Ein Bourgeoisaktenstück, 1849, 6, 151 [1982]

14. April (1849) Wir erachten, dass die jetzige Organisation der demokratischen Vereine zu viele heterogene Elemente in sich schließt, als dass eine dem Zweck der Sache gedeihliche Tätigkeit möglich wäre.
Wir sind vielmehr der Ansicht, dass eine engere Verbindung der Arbeitervereine, da dieselben aus gleichen Elementen bestehen, vorzuziehen ist, und treten deshalb von heute an und hiermit aus dem rheinischen Kreisausschusse der demokratischen Vereine aus.
Fr. Anneke – K. Schapper – K. Marx – H. Becker
W. Wolff, Stellvertreter *Erklärung, 1849, 6, 426 [1982]*

IM FEUER DER REVOLUTION 1848/49

Wer kennt nicht die Treubrüche, die Perfidien, die Erbschleichereien, durch die jene Familie von Korporälen groß geworden ist, die den Namen Hohenzollern trägt?
Die Taten des Hauses Hohenzollern, 1849, 6, 477 [1982]

Wir warnen Euch schließlich vor jedem Putsch in Köln. Nach der militärischen Lage Kölns wäret Ihr rettungslos verloren. Ihr habt in Elberfeld gesehen, wie die Bourgeoisie die Arbeiter ins Feuer schickt und sie hinterher aufs Niederträchtigste verrät. Der Belagerungszustand in Köln würde die ganze Rheinprovinz demoralisieren, und der Belagerungszustand wäre die notwendige Folge jeder Erhebung von Eurer Seite in diesem Augenblicke. Die Preußen werden an Eurer Ruhe verzweifeln.
Die Redakteure der »Neuen Rheinischen Zeitung« danken Euch beim Abschiede für die ihnen bewiesene Teilnahme. Ihr letztes Wort wird überall und immer sein: *Emanzipation der arbeitenden Klasse!* *An die Arbeiter Kölns, 1849, 6, 519 [1982]*

Erst durch die Juniniederlage also wurden alle Bedingungen geschaffen, innerhalb deren Frankreich die Initiative der europäischen Revolution ergreifen kann. Erst in das Blut der Juniinsurgenten getaucht, wurde die Trikolore zur Fahne der europäischen Revolution – zur roten Fahne! Und wir rufen: Die Revolution ist tot! – Es lebe die Revolution!
Die Klassenkämpfe in Frankreich, 1850, 7, 34 [1982]

Die Revolutionen sind die Lokomotiven der Geschichte.
Die Klassenkämpfe in Frankreich, 1850, 7, 85 [1982]

1850–1852 KONTERREVOLUTION UND REVOLUTION IN PERMANENZ

Die Niederwerfung der europäischen Revolutionen trieb Abertausende Revolutionäre, die ihrer Verhaftung entgingen, ins Exil. Die Familie Marx ließ sich in London nieder, geplagt von ständigen Geldsorgen; die unregelmäßigen Einkünfte aus Marx' journalistischer Tätigkeit reichten oft nicht einmal für den Lebensunterhalt. Ohne großzügige Unterstützung durch den Freund und Genossen Friedrich Engels, Sohn eines Fabrikanten aus Barmen, hätte die Flüchtlingsfamilie wohl kaum überlebt. Trotz der triumphierenden Konterrevolution blieben Marx und Engels ihren revolutionären Überzeugungen treu. Noch stärker als zuvor betonten sie, dass die neue mächtige Klasse des Proletariats, die sie bereits in ihrem Manifest von 1847/48 zur »Totengräberin der bürgerlichen Gesellschaft« erklärt hatten, jetzt organisiert werden müsse, um den Kampf fortzusetzen.

Während die demokratischen Kleinbürger die Revolution möglichst rasch (...) zum Abschlusse bringen wollen, ist es unser Interesse und unsere Aufgabe, die Revolution permanent zu machen, so lange, bis alle mehr oder weniger besitzenden Klassen von der Herrschaft verdrängt sind, die Staatsgewalt vom Proletariat erobert und die Assoziation der Proletarier nicht nur in einem Lande, sondern in allen herrschenden Ländern der ganzen Welt so weit vorgeschritten ist, dass die Konkurrenz der Proletarier in diesen Ländern aufgehört hat und dass wenigstens die entscheidenden produktiven Kräfte in den Händen der Proletarier konzentriert sind. Es kann sich für uns nicht um Veränderung des Privateigentums handeln, sondern nur um seine Vernichtung, nicht um Vertuschung der Klassengegensätze, sondern um Aufhebung der Klassen, nicht um Verbesserung der bestehenden Gesellschaft, sondern um Gründung einer neuen.
Ansprache der Zentralbehörde an den Bund vom März 1850,
1850, 7, 248 [1982]

KONTERREVOLUTION UND REVOLUTION IN PERMANENZ 1850–1852

Wenn die deutschen Arbeiter nicht zur Herrschaft und Durchführung ihrer Klasseninteressen kommen können, ohne eine längere revolutionäre Entwicklung ganz durchzumachen, so haben sie diesmal wenigstens die Gewissheit, dass der erste Akt dieses bevorstehenden revolutionären Schauspiels mit dem direkten Siege ihrer eigenen Klasse in Frankreich zusammenfällt und dadurch sehr beschleunigt wird.
Aber sie selbst müssen das meiste zu ihrem endlichen Siege dadurch tun, dass sie sich über ihre Klasseninteressen aufklären, ihre selbständige Parteistellung sobald wie möglich einnehmen, sich durch die heuchlerischen Phrasen der demokratischen Kleinbürger keinen Augenblick an der unabhängigen Organisation der Partei des Proletariats irremachen lassen. Ihr Schlachtruf muss sein: Die Revolution in Permanenz.
Ansprache der Zentralbehörde an den Bund vom März 1850, 1850, 7, 254 [1982]

Hegel bemerkte irgendwo, dass alle großen weltgeschichtlichen Tatsachen und Personen sich sozusagen zweimal ereignen. Er hat vergessen, hinzuzufügen: das eine Mal als Tragödie, das andere Mal als Farce. Caussidière für Danton, Louis Blanc für Robespierre, die Montagne von 1848–1851 für die Montagne von 1793–1795, der Neffe für den Onkel. (…)
Die Menschen machen ihre eigene Geschichte, aber sie machen sie nicht aus freien Stücken, nicht unter selbstgewählten, sondern unter unmittelbar vorgefundenen, gegebenen und überlieferten Umständen. Die Tradition aller toten Geschlechter lastet wie ein Alp auf dem Gehirne der Lebenden. Und wenn sie eben damit beschäftigt scheinen, sich und die Dinge umzuwälzen, noch nicht Dagewesenes zu schaffen, gerade in solchen Epochen revolutionärer Krise beschwören sie ängstlich die Geister der Vergangen-

heit zu ihrem Dienste herauf, entlehnen ihnen Namen, Schlachtparole, Kostüm, um in dieser altehrwürdigen Verkleidung und mit dieser erborgten Sprache die neue Weltgeschichtsszene aufzuführen. So maskierte sich Luther als Apostel Paulus, die Revolution von 1789-1814 drapierte sich abwechselnd als römische Republik und als römisches Kaisertum, und die Revolution von 1848 wusste nichts Besseres zu tun, als hier 1789, dort die revolutionäre Überlieferung von 1793-1795 zu parodieren. So übersetzt der Anfänger, der eine neue Sprache erlernt hat, sie immer zurück in seine Muttersprache, aber den Geist der neuen Sprache hat er sich nur angeeignet, und frei in ihr zu produzieren vermag er nur, sobald er sich ohne Rückerinnerung in ihr bewegt und die ihm angestammte Sprache in ihr vergisst.

Der 18. Brumaire des Louis Napoleon, 1852, 8, 115 [1982]

Sooft während dieser Ferien der verwirrende Lärm des Parlaments verstummte und sein Körper sich in die Nation auflöste, zeigte sich unverkennbar, dass nur noch eins fehle, um die wahre Gestalt dieser Republik zu vollenden: seine Ferien permanent machen und ihre Aufschrift: liberté, égalité, fraternité, ersetzen durch die unzweideutigen Worte: Infanterie, Kavallerie, Artillerie!

Der 18. Brumaire des Louis Napoleon, 1852, 8, 148 [1982]

Die Tories galten bis 1846 als die Hüter der Traditionen Old Englands. Man hatte sie im Verdacht, in der englischen Verfassung das achte Weltwunder zu sehen, laudatores temporis acti [Lobredner vergangener Zeiten] und begeisterte Anhänger des Throns, der Hochkirche, der Privilegien und Rechte des britischen Untertans zu sein. Das verhängnisvolle Jahr 1846, das die Abschaffung der Kornzölle brachte, bewies, dass die Begeisterung der Tories, denen diese Abschaffung ein wahres Jammergeheul abpresste, eben nur der Grundrente galt; und gleichzeitig enthüllte sich das Geheimnis ihrer ganzen Liebe für die politischen und religiösen Einrichtungen Old Englands. Sind doch diese Einrichtungen die allergeeignetsten, mit deren Hilfe der Großgrundbesitz bis jetzt England beherrscht hat und selbst heute noch seine Herrschaft zu behaupten sucht. Das Jahr 1846 enthüllte in ihrer ganzen Nacktheit die materiellen Klasseninteressen, die die reale Basis der Torypartei bilden. Das Jahr 1846 riss das Löwenfell herunter, das nur die Tradition zu einem ehrwürdigen gemacht hatte und hinter dem sich die Klasseninteressen der Tories so lange verborgen gehalten. Das Jahr 1846 verwandelte die Tories in Protektionisten. Tory, das war ihr geweihter Name, Protektionist ihr profaner; Tory, das war ihr politischer Kampfruf, Protektionist, ihr ökonomischer Notschrei; hinter dem Tory schien eine Idee, ein Prinzip zu stehen, hinter dem Protektionisten aber steht ein Interesse. Und was protegieren diese Protektionisten? Ihre eigenen Revenuen, die Rente aus ihrem eigenen Grundbesitz. So sind denn die Tories im Grunde Bourgeois genau wie alle übrigen; denn wo wäre der Bourgeois, der nicht die Protektion seines eigenen Geldbeutels zum Prinzip erhebt?

Die Wahlen in England – Tories und Whigs, 1852, 8, 336 f. [1982]

Was mich nun betrifft, so gebührt mir nicht das Verdienst, weder die Existenz der Klassen in der modernen Gesellschaft noch ihren Kampf unter sich entdeckt zu haben. Bürgerliche Geschichtsschreiber hatten längst vor mir die historische Entwicklung dieses Kampfes der Klassen und bürgerliche Ökonomen die ökonomische Anatomie derselben dargestellt. Was ich neu tat, war
1. nachzuweisen, dass die Existenz der Klassen bloß an bestimmte historische Entwicklungsphasen der Produktion gebunden ist;

2. dass der Klassenkampf notwendig zur Diktatur des Proletariats führt;
3. dass diese Diktatur selbst nur den Übergang zur Aufhebung aller Klassen und zu einer klassenlosen Gesellschaft bildet. Unwissende Lümmel wie Heinzen, die nicht nur den Kampf, sondern sogar die Existenz der Klassen leugnen, beweisen nur, dass trotz allem ihrem bluttriefenden und humanistisch sich aufspreizenden Gebelfer sie die gesellschaftlichen Bedingungen, worin die Bourgeoisie herrscht, für das letzte Produkt, für das non plus ultra der Geschichte halten, dass sie nur die Knechte der Bourgeoisie sind, eine Knechtschaft, die umso ekelhafter ist, je weniger die Lümmel auch nur die Größe und vorübergehende Notwendigkeit des Bourgeoisregimes selbst begreifen.
Brief an Joseph Weydemeyer, 1852, 28, 508 [1981]

NEUE EINSICHTEN ZU MÄCHTIGEN UND BEHERRSCHTEN 1852–1858

Im Londoner Exil setzte Marx seine ökonomischen Studien fort, die er 1844 in Paris begonnen hatte. Sein Versuch, die Triebkräfte und Bewegungsgesetze der kapitalistischen Gesellschaft zu verstehen, war kein akademischer Selbstzweck. Parallel zu seinen Studien arbeitete er mit dem revolutionären Flügel der Chartisten, der ersten Arbeiterorganisation in England, und radikalen Emigranten zusammen. Seine journalistischen Arbeiten waren immer eng mit seinen politischen Projekten verknüpft, die sich im Schlagwort »Emanzipation der arbeitenden Klasse« zusammenfassen ließen. Neben der »großen Politik« setzte sich Marx auch mit Themen wie der Todesstrafe oder Einzelschicksalen auseinander, die uns heute wieder eigentümlich bekannt erscheinen: die Armut in den Städten oder massive Migrationsströme durch Hungersnöte.

Die britischen Whigs bilden in der Naturgeschichte der Politik eine besondere Art, die gleich allen Amphibien leicht entstehen und leben, aber schwer zu beschreiben sind. Sollen wir sie Tories außer Amt nennen, wie es ihre Gegner machen? Oder sollen wir, wie es bestimmte Schriftsteller auf dem Kontinent so gerne tun, in ihnen die Repräsentanten gewisser populärer Prinzipien sehen? Wir kämen im letzteren Falle in Verlegenheit wie der Historiker der Whigs, Mr. Cooke, der in seiner »History of Parties« mit großer Naivität gesteht, dass die Partei der Whigs sich wohl auf eine Anzahl »liberaler, moralischer und aufgeklärter Grundsätze« gründet, dass es ihr aber seit den mehr als 150 Jahren ihres Bestehens, immer wenn sie an der Macht war, bedauerlicherweise unmöglich gemacht wurde, ihre Prinzipien durchzusetzen. Also vertreten die Whigs, wie es ihr eigener Geschichtsschreiber gesteht, in Wirklichkeit etwas ganz anderes als ihre angeblichen »liberalen und aufgeklärten Grundsätze«. Sie sind also in derselben Lage wie jener Trunkenbold, der dem Lord-Mayor [Ober-

bürgermeister] vorgeführt wurde und dabei angab, dass er zwar die Prinzipien der Temperenz vertrete, sich aber sonntags, infolge irgendeines Zufalls, stets betrinke.
Die Wahlen in England – Tories und Whigs, 1852, 8, 338 [1982]

Hat nun auch keine der offiziellen Parteien einen Sieg errungen, sind sie sogar stattdessen alle reihum geschlagen worden, so kann sich die britische Nation doch damit trösten, dass eine bestimmte Profession – wenn auch keine bestimmte Partei – im Parlament imposanter denn je vertreten ist. Das sind die Juristen. Im Unterhaus sitzen ihrer über 100, und eine solche Zahl von Rechtskonsulenten besagt vielleicht nichts Gutes für die Zukunft: weder für eine Partei, dass sie ihre Ziele im Parlament, noch für ein Parlament, dass es die Anerkennung seiner Beschlüsse durch die Nation durchsetzen werde.   *Die Wahlresultate, 1852, 8, 361 [1982]*

Vor mir liegen die Akten, die die oberste Armenbehörde eben veröffentlichte. Sie beweisen allerdings, dass wir gegenüber 1848 und 1851 eine Abnahme in der Zahl der Armen zu verzeichnen haben. Aber gleichzeitig geht aus diesen Dokumenten hervor, dass es von 1841 bis 1844 im Durchschnitt 1 431 571 Arme, von 1845 bis 1848 1 600 257 gab. 1850 erhielten 1 809 308 Paupers Unterstützung in Armenhäusern und außerhalb der Armenhäuser, 1851 waren es 1 600 329, also mehr als der Durchschnitt der Jahre 1845 bis 1848. Vergleichen wir nun diese Zahlen mit der durch den Zensus überprüften Bevölkerungszahl, so finden wir, dass in den Jahren 1841 bis 1848 auf tausend Einwohner 89 Paupers, 1851 90 Paupers kamen. So ist der Pauperismus in Wirklichkeit über den Durchschnitt der Jahre 1841 bis 1848 gestiegen, wohlgemerkt trotz Freihandel, Hungersnot und Prosperität, trotz australischer Goldklumpen und strömender Auswanderung. Bei dieser Gelegenheit kann ich auch gleich erwähnen, dass die Zahl der Verbrecher ebenfalls gestiegen ist, und ein Blick in »The Lancet«, eine medizinische Zeitschrift, zeigt, dass die Verfälschung und Vergiftung von Nahrungsmitteln mit dem Freihandel bisher Schritt gehalten hat. »The Lancet« verursacht durch das Aufdecken stets neuer Mysterien jede Woche eine neue Panik in London. Das Blatt hat eine komplette Untersuchungskommission aus Ärzten, Chemikern etc. eingesetzt, um die in London verkauften Nahrungsmittel zu prüfen. Und die Berichte lauten regelmäßig dahin, dass alles verfälscht und vergiftet ist: der Kaffee, der Tee, der Essig, der Pfeffer, das marinierte Gemüse usw. Die Methoden der bourgeoisen Handelspolitik, sowohl Freihandel wie Schutzzoll, sind selbstverständlich gleicherweise außerstande, diese Tatsachen aus der Welt zu schaffen, die nur die natürlichen und notwendigen Resultate der ökonomischen Basis der Bourgeoisgesellschaft sind. Und das Vorhandensein einer Million Paupers in den britischen Arbeitshäusern ist ebenso unzertrennlich mit der britischen Prosperität verknüpft wie das Vorhandensein von 18 bis 20 Millionen in Gold in der Bank von England.

Pauperismus und Freihandel – Die drohende Handelskrise,
1852, 8, 369 [1982]

Hat man die ersten Christen je angeklagt, ihr Zweck sei, den ersten besten römischen Winkelpräfekten zu stürzen? Die preußischen Staatsphilosophen von Leibniz bis Hegel haben an der Absetzung Gottes gearbeitet, und wenn ich Gott absetze, setze ich auch den König von Gottes Gnaden ab. Hat man sie aber wegen Attentat auf das Haus Hohenzollern verfolgt?

Enthüllungen über den Kommunistenprozess zu Köln,
1852, 8, 414 [1982]

1852–1858   NEUE EINSICHTEN ZU MÄCHTIGEN UND BEHERRSCHTEN

Es ist eben schwer, wenn nicht gar unmöglich, ein Prinzip aufzustellen, womit man die Berechtigung und Zweckmäßigkeit der Todesstrafe in einer auf ihre Zivilisation stolzen Gesellschaft zu begründen vermöchte. Man hat die Strafe gemeinhin verteidigt als ein Mittel zur Besserung oder zur Einschüchterung. Aber welches Recht hat man, mich zu strafen, um andere zu bessern oder einzuschüchtern? Außerdem gibt es so etwas wie die Statistik, und es gibt die Geschichte, und beide beweisen voll und ganz, dass die Welt seit Kain durch Strafen weder gebessert noch eingeschüchtert worden ist.   *Die Todesstrafe, 1852, 8, 507 [1982]*

Auf dem Kontinent ist das Hängen, Schießen und Deportieren an der Tagesordnung. Die Henker sind jedoch auch Wesen, die man greifen und hängen kann, und ihre Taten sind im Gewissen der ganzen zivilisierten Welt unauslöschlich eingegraben. Gleichzeitig waltet in England ein unsichtbarer, unfassbarer und unhörbarer Despot seines Amtes, der, wenn es zum Äußersten kommt, Menschen zur grausamsten aller Todesarten verdammt und in lautloser Alltagsarbeit ganze Rassen und Klassen von Menschen vom Boden ihrer Vorväter vertreibt, gleich dem Engel mit dem feurigen Schwert, der Adam aus dem Paradies vertrieb. Das Wirken des unsichtbaren sozialen Despoten nennt man im letzteren Falle erzwungene Emigration, im ersteren Hungersnot.
Hungertod, 1852, 8, 540 [1982]

Es sind jedoch nicht nur die verarmten Bewohner der grünen Insel von Erin [Irland] und des schottischen Hochlands, die von den landwirtschaftlichen Verbesserungen und vom »Zusammenbruch des veralteten Gesellschaftssystems« hinweggefegt werden. Es sind nicht nur die kräftigen Landarbeiter aus England, Wales und Nieder-Schottland, deren Überfahrt die Emigrationsbeamten bezahlen. Das Rad der »Verbesserungen« erfasst nun auch eine andere Klasse, die bisher sesshafteste Klasse Englands. Eine überraschend starke Emigrationssucht zeigt sich plötzlich unter den englischen Kleinpächtern, besonders unter jenen, die schweren Lehmboden besitzen. Die schlechten Ernteaussichten, der Mangel an genügendem Kapital, um die großen Verbesserungen auf ihren Grundstücken vorzunehmen, die es ihnen ermöglichen würden, ihren alten Pachtzins zu zahlen, lassen ihnen keine andere Wahl, als den Ozean zu überqueren, um sich ein neues Vaterland und neuen Boden zu suchen. Ich rede hier nicht von der Auswanderung, die die Goldsucht hervorrief, sondern lediglich von jener erzwungenen Emigration, die hervorgerufen wird durch das Pachtsystem, die Konzentration der Gutshöfe, die Anwendung von Maschinerie zur Bearbeitung des Bodens und die Einführung der modernen Großproduktion in der Landwirtschaft. *Erzwungene Emigration, 1852, 8, 543 [1982]*

Sie werden sich erinnern, dass die »Times« damit begann, die Flüchtlinge anzuprangern und die fremden Mächte zu ermuntern, ihre Ausweisung zu verlangen. Als sie sich dann vergewissert hatte, dass die Minister sich bei einer Wiedereinbringung der Alien Bill eine schmachvolle Abfuhr im Unterhaus holen würden, floss sie plötzlich über von schwungvoll abgefassten Schilderungen der Opfer, die sie – o je! – bereit wäre, der Erhaltung des Asylrechts zu bringen. Endlich, nach der liebenswürdigen Unterhaltung ihrer Lordschaften im Oberhause, machte sie sich zur Entschädigung für ihre frühere hochtrabende Bürgertugend Luft durch folgenden ärgerlichen Ausbruch in ihrem Leitartikel vom 5. März:
»Viele Kabinettsmitglieder sind des Glaubens, dass wir in unserem Lande in einer wahren Menagerie von Flüchtlingen schwel-

gen, verwegenen Gesellen aus allen Ländern, die zu jedem Verbrechen fähig sind ... Glauben etwa diese ausländischen Schriftsteller, die auf die Anwesenheit ihrer eigenen geächteten Landsleute hinweisen, das Schicksal eines Verbannten sei in unserem Lande ein beneidenswertes? Wir wollen sie darüber aufklären. Die unseligen Wesen dieser Klasse leben zum größten Teil in schmutziger Armut, essen das Salz der Fremde, sofern sie es bekommen können, und versinken langsam in den trüben Wellen dieser ungeheuren Großstadt ... Ihre Strafe ist das Exil in seiner größten Bitternis und härtesten Form.«
Im letzten Punkt hat die »Times« recht: England ist ein reizendes Land, wenn man nicht dort leben muss.

Die »Times« und die Emigration, 1852, 8, 551 [1982]

Die derzeitige glänzende Bruderschaft der Romanschriftsteller Englands – deren anschauliche und beredte Seiten der Welt mehr politische und soziale Wahrheiten vermitteln, als alle Berufspolitiker, Publizisten und Moralisten zusammengenommen von sich gegeben haben – hat jede Schicht der Bourgeoisie beschrieben, vom »allervornehmsten« Rentier und Inhaber von Staatspapieren, der alle Arten des Geschäfts als gewöhnlich betrachtet, bis zum kleinen Ladenbesitzer und Advokatengehilfen. Und wie haben Dickens und Thackeray, Fräulein Brontë und Frau Gaskell sie gezeichnet? Voller Anmaßung, Heuchelei, kleinlicher Tyrannei und Ignoranz: und ihr Urteil wurde von der zivilisierten Welt mit dem verdammenden Epigramm bekräftigt, das sie dieser Klasse anheftete: »unterwürfig nach oben und tyrannisch nach unten«.

Die englische Bourgeoisie, 1854, 10, 648 [1982]

NEUE EINSICHTEN ZU MÄCHTIGEN UND BEHERRSCHTEN 1852–1858

Ein Schneeball-Aufruhr, der vergangenen Sonntag hier stattfand, liefert einen neuen Beweis, wie die zudringliche Anmaßung der kirchlichen Partei und ihre durch das Parlament geschmuggelte Bill zur Verschärfung der Sonntagsfeier das englische Volk nur zu überderben und übermütig humoristischen Demonstrationen herausfordern. Letzten Sonntag versammelte sich während des Morgengottesdienstes ein Haufe von ungefähr 1 500 Personen in Trafalgar Square, in der Nähe von St. Martins-Kirche, wo sie sich damit erlustigten, Omnibusse, Droschken und Fußgänger mit Schneebällen zu bombardieren. Der Gottesdienst musste infolge des Lärms vor den Kirchtüren völlig eingestellt werden. Sobald die Polizei einschritt, wurde sie zum Hauptgegenstand des Angriffs gemacht, und in wenigen Minuten fand sich ein Teil der Konstabler unfähig, rechts oder links zu sehen, infolge der Schneehaufen, die sich auf ihren Schultern, Hüten etc. auftürmten. Die Soldaten, die sich von der Kirche zu ihren Kasernen begeben wollten, wurden entschieden zur Retirade gezwungen und ihr englisches Phlegma auf schwere Probe gestellt. Es war nötig, an 100 Extrakonstabler auf den Kampfplatz zu schicken. Endlich machte die Polizei Gebrauch von ihren Knütteln, und es kam zum hitzigsten Gefechte. Vier Hauptdrädelsführer wurden gefangen und zur Polizeistation geschleppt, trotz verschiedener Versuche in Chandos Street und Russell Street, sie aus den Händen der Ordnungswächter zu befreien. Gestern erschienen diese Herren vor dem Polizeimagistrate zu Bow Street. Die Kirchenvorsteher von St. Martins erschienen ebenfalls, um Zeugnis gegen sie abzulegen. Jeder der Helden ward zu 40 Schilling oder 14 Tagen Gefängnisstrafe verurteilt, und damit enden die Annalen des Schneeball-Aufruhrs. Jedenfalls ist damit der Prinz von Ligne widerlegt, der zur Zeit des niederländischen Aufstandes gegen Joseph II. seine Mitwirkung versagte, weil es Winter sei und Schnee und Aufstand sich ausschlössen.

Ein Schneeballen-Aufruhr, 1855, 10, 628 [1982]

London, 6. Juli. Seit Montag bis gestern Abend war London Zeuge einer ununterbrochenen Reihe von Konflikten zwischen Polizei und »Mob«, die erstere mit ihren Knüppeln herausfordernd, die zweite mit Steinen antwortend. Wir sahen Szenen in Marlborough Street und den umliegenden Straßen aufgeführt, die lebhaft an Paris erinnerten. Duncombe trug gestern Abend im Unterhause auf Untersuchung der »schurkischen und brutalen« Aufführung der Polizei am vergangenen Sonntag an. Die Massen beabsichtigen, übermorgen die Klubhäuser in Pall Mall zu besuchen. Die Chartisten bezwecken eine bewaffnete (nicht mit Säbeln und Flinten, sondern mit Arbeitswerkzeugen und Stöcken) Prozession von Blackfriars Bridge nach dem Hyde Park mit Fahnen mit der Inschrift: »No Mayne law«. (Kein Mayne-Gesetz). Dies ist absichtliche Zweideutigkeit. Maine law ist bekanntlich der Name des die spirituosen Getränke exkommunizierenden amerikanischen Puritaner-Gesetzes. Mayne der Name des Chefs der Londoner Polizei.) Man hat aus früheren Berichten ersehen, wie die Demonstrationen im Hyde Park vom Instinkt der Massen improvisiert wurden. Die Gärung wurde dann gesteigert und konsolidiert durch die herausfordernde Brutalität der Polizei, deren Chef, Sir Richard Mayne, sich des Ordens würdig zeigte, den er von Paris her erhalten.

Konflikte zwischen Polizei und Volk, 1855, 11, 345 [1984]

Eine Institution der britischen Armee reicht hin zur Charakteristik der Klasse, woraus der britische Soldat rekrutiert wird. Wir meinen die Strafe des Auspeitschens. Körperliche Züchtigung existiert nicht mehr in der französischen, preußischen und mehreren kleineren Armeen. Selbst in Österreich, wo der größere Teil der Rekruten aus Halbbarbaren besteht, strebt man offenbar nach ihrer Beseitigung; so wurde neulich die Strafe des Spießrutenlaufens aus dem österreichischen Militärgesetz ausgemerzt. In England dagegen ist die »cat-o'-nine-tails« (die neunschwänzige Katze) in voller Wirksamkeit erhalten – ein Torturinstrument ganz ebenbürtig der russischen Knute. Sooft eine Reform der Kriegsgesetzgebung im Parlament angeregt wurde, ereiferten sich alle alten Federhüte für die »cat«, und keiner leidenschaftlicher als der alte Wellington. Für sie war ein ungepeitschter Soldat ein unbegreifliches Wesen. Tapferkeit, Disziplin und Unbesiegbarkeit waren in ihren Augen die ausschließlichen Attribute von Männern, die die Narben von mindestens 50 Hieben auf ihren Hinterteilen tragen wie die alten Gefolgsmänner das Wappen.

Die einzige Reform war die Beschränkung der Zahl der Peitschenhiebe auf 50. Die Wirksamkeit dieser Reform ist daraus zu entnehmen, dass vor ungefähr einer Woche in Aldershot ein Gemeiner kurz nach dem Empfange von 30 Peitschenhieben sein Leben aushauchte. Bei dieser Gelegenheit ward die beliebte Manier angewandt, die »cat-o'-nine-tails« in Urin zu tränken. Die Anwendung des Urins auf das rohe und blutende Fleisch ist ein unfehlbares Rezept, den Patienten zum Wahnsinn zu foltern. Die neunschwänzige Katze ist nicht nur ein Peinigungsinstrument, sie lässt unvergängliche Narben zurück, sie brandmarkt einen Mann für Lebenszeit.

Züchtigung der Soldaten, 1855, 11, 509 [1984]

Man kann ohne fehlzugehen behaupten, dass unter den unzähligen Lesern, die eine gewisse Vorstellung von den klassischen Namen Achilles, Cicero, Nestor und Hektor erlangt haben, nur sehr wenige sind, die jemals vermutet hätten, dass der sandige Boden der Mark Brandenburg nicht nur Kartoffeln und Schafe zu unserer Zeit hervorbringt, sondern einst gesegnet war mit dem Überfluss von nicht weniger als vier Kurfürsten, die auf die Namen Al-

brecht Achilles, Johann Cicero, Joachim I. Nestor und Joachim II. Hektor hörten. Dieselbe goldene Mittelmäßigkeit, die dazu beitrug, dass das Kurfürstentum Brandenburg so langsam zu dem heranreifte, was man höflich eine europäische Macht nennt, bewahrte seine hausbackene Geschichte vor einer allzu indiskreten näheren Bekanntschaft mit der öffentlichen Meinung.
Das göttliche Recht der Hohenzollern, 1856, 12, 97 f. [1984]

Die harmlosen, friedlich ihrer Beschäftigung nachgehenden Bürger Kantons wurden niedergemetzelt, ihre Wohnstätten dem Erdboden gleichgemacht und die Gebote der Menschlichkeit mit Füßen getreten unter dem fadenscheinigen Vorwand, dass »Leben und Eigentum englischer Bürger durch das aggressive Vorgehen der Chinesen gefährdet sind«! Die britische Regierung und das britische Volk, zumindest der Teil, der sich veranlasst gefühlt hat, sich mit der Frage zu beschäftigen, wissen, wie falsch und hohl solche Beschuldigungen sind. Ein Versuch ist gemacht worden, die Untersuchung von der Hauptfrage abzulenken und im Volk die Vorstellung zu erwecken, eine lange Folge von Beleidigungen vor dem Zwischenfall mit der Lorcha »Arrow« bilde allein schon einen ausreichenden casus belli [Kriegsgrund]. Aber diese summarischen Behauptungen entbehren jeder Grundlage. Jedem Übergriff, über den sich die Engländer beschweren, halten die Chinesen mindestens neunundneunzig Übergriffe entgegen, über die sie Klage zu führen haben.
Englische Gräueltaten in China, 1857, 12, 164 f. [1984]

In der Sitzungsperiode von 1856 wurde ein Fabrikgesetz durch das Parlament geschmuggelt, wodurch die »radikalen« Fabrikherren erstens das Gesetz in Bezug auf die Schutzeinrichtungen

NEUE EINSICHTEN ZU MÄCHTIGEN UND BEHERRSCHTEN 1852–1858

bei Getrieben und Maschinen änderten und zweitens das Prinzip des Schiedsgerichts für Streitigkeiten zwischen Fabrikherren und Arbeitern einführten. Das eine Gesetz hatte den Zweck, für besseren Schutz der Glieder und des Lebens der Fabrikarbeiter zu sorgen, das andere, diesen Schutz den gemeinen Billigkeitsgerichten zu übertragen. In Wirklichkeit aber beabsichtigte das letztere, den Fabrikarbeiter um sein Recht, und das erstere, ihn um seine Glieder zu prellen. *Die Lage der Fabrikarbeiter, 1857, 12, 183 [1984]*

Es ist wohl bekannt, dass in Russland ein General der Kavallerie der heiligen Synode vorsteht. Warum sollte dann nicht Espinasse dem französischen Home-Ministry vorstehen, nachdem Frankreich zum home ausschließlich der Prätorianer geworden ist? Durch solche offenbaren Missverhältnisse wird die Herrschaft des nackten Schwertes in vollkommen unmissverständlicher Weise proklamiert, und Bonaparte will Frankreich klar zu erkennen gehen, dass die kaiserliche Herrschaft nicht auf dem Willen Frankreichs, sondern auf 600 000 Bajonetten beruht. Daher die prätorianischen Adressen, die von den Obersten der verschiedenen Regimenter nach einem von den Tuilerien gelieferten Muster verfasst worden sind, Adressen, bei denen die geringste Anspielung auf den sogenannten »Willen des Volkes« ängstlich vermieden wird; daher die Zerstückelung Frankreichs in fünf Paschaliks*; daher die Umwandlung des Innenministeriums in ein Anhängsel der Armee.
Die Herrschaft der Prätorianer, 1858, 12, 399 [1984]

* Im osmanischen Reich die Bezeichnung für eine einem Pascha unterstellte Provinz. Für Marx Synonym für eine unkontrollierte diktatorische Regionalverwaltung. – Anm. d. Hrsg.

1852–1858   NEUE EINSICHTEN ZU MÄCHTIGEN UND BEHERRSCHTEN

Jeder wirkliche Fortschritt in der modernen Geschichtsschreibung ist dadurch bewirkt worden, dass man von der politischen Oberfläche in die Tiefen des gesellschaftlichen Lebens hinabgestiegen ist. Indem er die verschiedenen Entwicklungsphasen des Grundbesitzes im alten Rom erforschte, hat Dureau de La Malle den Schlüssel zu den Geschicken jener welterobernden Stadt geliefert, neben dem Montesquieus Betrachtungen über ihre Größe und ihren Verfall fast wie die Deklamation eines Schulknaben erscheinen. Der ehrwürdige Lelewel hat durch seine mühevolle Erforschung der ökonomischen Verhältnisse, die den polnischen Bauern aus einem Freien in einen Leibeigenen verwandelten, mehr dazu beigetragen, Klarheit über die Unterjochung seiner Heimat zu schaffen, als der ganze Schwarm von Schriftstellern, deren geistiges Kapital einfach eine Denunziation Russlands ist. Auch Herr Mazzini verschmäht es jetzt nicht, bei gesellschaftlichen Realitäten zu verweilen, bei den Interessen der verschiedenen Klassen, bei der Ausfuhr und Einfuhr, bei den Preisen für Bedarfsartikel, bei Mieten und anderen solch vulgären Dingen; vielleicht ist er betroffen von dem großen, wenn nicht gar tödlichen Schock, der dem Zweiten Kaiserreich versetzt worden ist, nicht durch die Manifeste der demokratischen Komitees, sondern durch die Handelskrise, die in New York begann, um die ganze Welt zu erfassen. Man kann nur hoffen, dass er bei diesem Punkt nicht stehenbleiben, sondern, frei von falschem Stolz, dazu übergehen wird, seinen ganzen politischen Katechismus im Lichte der ökonomischen Wissenschaft zu reformieren.

Mazzini und Napoleon, 1858, 12, 420 f. [1984]

Der Gegensatz zwischen dem Prinzen und dem König trägt die gewöhnliche Hausmarke der Hohenzollernfamilie. Dem Komödianten, der mehr oder weniger verschwenderisch, mehr oder weniger von byzantinischen religiösen Vorstellungen durchdrungen ist, der mehr oder weniger mit der mittelalterlichen Romantik kokettiert, folgt immer die grämliche Mischung von Feldwebel, Bürokrat und Schulmeister. Solcherart ist der Gegensatz zwischen Friedrich I. und seinem Sohn Friedrich Wilhelm I., zwischen Friedrich Wilhelm II. und Friedrich Wilhelm III., zwischen den schwächlichen Überspanntheiten Friedrich Wilhelms IV. und der nüchternen Mittelmäßigkeit des jetzigen Regenten.

Die preußische Regentschaft, 1858, 12, 609 [1984]

1859–1864   AUF DEM WEG ZUR ST. MARTIN'S HALL

Am 28. September 1864 wurde in der Londoner St. Martin's Hall von rund 200 Delegierten aus 13 europäischen Ländern und den USA die Internationale Arbeiterassoziation (I. Internationale) gegründet. Als Vertreter des Deutschen Arbeiterbildungsvereins wurde Karl Marx in das Präsidium gewählt. Sein Ziel der Schaffung einer von allen bürgerlichen Kräften unabhängigen Arbeiterorganisation schien damit erreicht. Die Ergebnisse seiner ökonomischen Studien zur »Kritik der politischen Ökonomie« flossen in die programmatische Arbeit und die Praxis der Internationale ebenso ein wie seine Analysen aktueller brennender Ereignisse wie dem Amerikanischen Bürgerkrieg.

Auf den ersten Blick erscheint der bürgerliche Reichtum als eine ungeheure Warensammlung, die einzelne Ware als sein elementarisches Dasein. Jede Ware aber stellt sich dar unter dem doppelten Gesichtspunkt von Gebrauchswert und Tauschwert.
Zur Kritik der politischen Ökonomie, 1859, 13, 15 [1990]

Der »Bund der Kommunisten« wurde 1836 zu Paris gestiftet, ursprünglich unter anderm Namen. Die Organisation, wie sie sich allmählich ausbildete, war diese: Eine gewisse Anzahl Mitglieder bildeten eine »Gemeinde«, verschiedene Gemeinden in derselben Stadt einen »Kreis«, eine größere oder geringere Anzahl Kreise gruppierte sich um einen »leitenden Kreis«; an der Spitze des Ganzen stand die »Zentralbehörde«, die auf einem Kongress von Deputierten sämtlicher Kreise gewählt, jedoch berechtigt war, sich selbst zu ergänzen und in dringenden Fällen provisorisch ihre Nachfolgerin zu ernennen. Die Zentralbehörde saß erst zu Paris, von 1840 bis Anfang 1848 zu London. Die Vorsteher der Gemeinden und Kreise, wie die Zentralbehörde selbst, wurden alle

AUF DEM WEG ZUR ST. MARTIN'S HALL 1859–1864

durch Wahl ernannt. Diese demokratische Verfassung, durchaus zweckwidrig für konspirierende geheime Gesellschaften, war wenigstens nicht unvereinbar mit der Aufgabe einer Propagandagesellschaft. Die Tätigkeit des »Bundes« bestand zunächst in der Stiftung öffentlicher deutscher Arbeiterbildungsvereine, und die meisten Vereine dieser Art, die noch in der Schweiz, England, Belgien und den Vereinigten Staaten existieren, wurden entweder direkt vom »Bunde« gegründet oder von ehemaligen Mitgliedern desselben ins Leben gerufen. Die Konstitution dieser Arbeitervereine ist daher überall dieselbe. Ein Tag in der Woche wurde zur Diskussion bestimmt, ein andrer für gesellschaftliche Unterhaltung (Gesang, Deklamation etc.). Überall wurden Vereinsbibliotheken gestiftet und, wo es immer tubar, Klassen errichtet für den Unterricht der Arbeiter in elementarischen Kenntnissen. Der hinter den öffentlichen Arbeitervereinen stehende und sie lenkende »Bund« fand in ihnen sowohl den nächsten Spielraum für öffentliche Propaganda, wie er andrerseits sich aus ihren brauchbarsten Mitgliedern ergänzte und erweiterte. Bei dem Wanderleben der deutschen Handwerker bedurfte die Zentralbehörde nur in seltnen Fällen der Entsendung besondrer Emissäre.

Herr Vogt, 1860, 14, 438 [1979]

Was nun die Geheimlehre des »Bundes« selbst betrifft, so durchlief sie sämtliche Wandlungen des französischen und englischen Sozialismus und Kommunismus, wie ihrer deutschen Spielarten (Weitlings Phantasien z. B.). Seit 1839, wie schon aus dem Bluntschli-Bericht* erhellt, spielte die religiöse Frage neben der sozialen die

---

* Johann Kaspar Bluntschli, 1808–1881, Jurist, Universitätsprofessor in Zürich, gehörte als Führer der konservativen Partei dem Regierungsrat an und verfasste 1843 den amtlichen Bericht über »Die Kommunisten in der Schweiz«. – Anm. d. Hrsg.

bedeutendste Rolle. Die verschiedenen Phasen, die die deutsche Philosophie von 1839 bis 1846 durchlief, wurden im Schoße dieser Arbeitergesellschaften mit der eifrigsten Parteinahme verfolgt. Die geheime Form der Gesellschaft verdankt Paris ihren Ursprung. Der Hauptzweck des Bundes – Propaganda unter den Arbeitern in Deutschland – gebot die spätere Beibehaltung dieser Form. Während meines ersten Aufenthaltes in Paris pflegte ich persönlichen Verkehr mit den dortigen Leitern des »Bundes« wie mit den Führern der meisten französischen geheimen Arbeitergesellschaften, ohne jedoch in irgendeine dieser Gesellschaften einzutreten. Zu Brüssel, wohin mich Guizot verwiesen, stiftete ich mit Engels, W. Wolff und andern den noch bestehenden deutschen Arbeiterbildungsverein. Wir veröffentlichten gleichzeitig eine Reihe teils gedruckter, teils lithographierter Pamphlets, worin das Gemisch von französisch-englischem Sozialismus oder Kommunismus und von deutscher Philosophie, das damals die Geheimlehre des »Bundes« bildete, einer unbarmherzigen Kritik unterworfen, stattdessen die wissenschaftliche Einsicht in die ökonomische Struktur der bürgerlichen Gesellschaft als einzig haltbare theoretische Grundlage aufgestellt und endlich in populärer Form auseinandergesetzt ward, wie es sich nicht um Durchführung irgendeines utopistischen Systems handle, sondern um selbstbewusste Teilnahme an dem unter unsern Augen vor sich gehenden geschichtlichen Umwälzungsprozess der Gesellschaft.
Herr Vogt, 1860, 14, 438 f. [1979]

Der Krieg ist nicht mit der Absicht unternommen worden, die Sklaverei aufzuheben, und die Regierung der Vereinigten Staaten hat sich selbst größte Mühe gegeben, gegen jeden Gedanken dieser Art zu protestieren. Doch dabei sollte man sich erinnern, dass es nicht der Norden war, der diesen Krieg begann, sondern der Süden; ersterer verteidigte sich nur. Wenn es wahr ist, dass

AUF DEM WEG ZUR ST. MARTIN'S HALL   1859–1864

der Norden nach langem Zögern und nachdem er eine Nachsicht gezeigt hatte, wie sie in den Annalen der europäischen Geschichte unbekannt ist, schließlich das Schwert zog, nicht um die Sklaverei zu brechen, sondern um die Union zu schützen, so begann der Süden seinerseits den Krieg mit der lauten Proklamation, dass die »spezielle Institution« das alleinige und hauptsächliche Ziel der Rebellion sei. Der Süden bekannte, für die Freiheit zu kämpfen, andere Menschen zu versklaven; eine Freiheit, die er trotz des Protestes des Nordens durch den Sieg der Republikanischen Partei und die Wahl Lincolns zum Präsidenten als bedroht bezeichnete. Der Kongress der Konföderierten rühmte sich, dass seine neue Verfassung zum Unterschied zu den Verfassungen Washingtons, Jeffersons und Adams' zum ersten Mal die Sklaverei als eine an sich gute Sache anerkannt habe, als ein Bollwerk der Zivilisation und eine göttliche Einrichtung. Während der Norden sich dazu bekannte, nur für die Union zu kämpfen, rühmte sich der Süden des Aufstandes für die Vorherrschaft der Sklaverei.

Die amerikanische Frage in England, 1861, 15, 305 [1985]

Seit Monaten wiederholt die tonangebende Londoner Presse, Wochen- und Tagesblätter, dieselbe Litanei über den Amerikanischen Bürgerkrieg. Während sie die freien Staaten des Nordens insultiert, wehrt sie sich ängstlich gegen den Verdacht, mit den Sklavenstaaten des Südens zu sympathisieren. Sie schreibt in der Tat fortwährend zwei Artikel: Einen Artikel, worin sie den Norden angreift, und einen andern Artikel, worin sie ihre Angriffe auf den Norden entschuldigt. Qui s'excuse s'accuse. [Wer sich verteidigt, klagt sich an.]

Der nordamerikanische Bürgerkrieg, 1861, 15, 329 [1985]

Wie in der innern, so diente in der auswärtigen Politik der Vereinigten Staaten das Interesse der Sklavenhalter als Leitstern. Buchanan hatte in der Tat die Präsidentenwürde erstanden durch den Erlass des Ostende-Manifestes, worin die Erwerbung von Kuba, sei es durch Kauf, sei es durch Waffengewalt, als die große Aufgabe der nationalen Politik proklamiert ist. Unter seiner Regierung war Nordmexiko bereits verteilt zwischen amerikanischen Landspekulanten, die unruhig das Signal abwarteten, um über Chihuahua, Coahuila und Sonora herzustürzen. Die rastlosen piratischen Expeditionen der Flibustier* gegen die Staaten von Zentralamerika wurden nicht minder vom Weißen Hause zu Washington aus geleitet. Im innigsten Zusammenhang mit dieser auswärtigen Politik, deren offenkundiger Zweck Eroberung neuen Gebiets für die Ausbreitung der Sklaverei und der Herrschaft der Sklavenhalter war, stand die von der Unionsregierung geheim unterstützte Wiedereröffnung des Sklavenhandels. St. A. Douglas erklärte selbst am 20. August 1859 im amerikanischen Senat: Während des letzten Jahres seien mehr Neger von Afrika eingeführt worden als je vorher in irgendeinem einzelnen Jahre, selbst zur Zeit, wo der Sklavenhandel noch gesetzlich war. Die Zahl der in dem letzten Jahre importierten Sklaven habe sich auf 15 000 belaufen. *Der nordamerikanische Bürgerkrieg, 1861, 15, 334 [1985]*

»Lass ihn laufen, er ist Deines Zorns nicht wert!« Diesen Rat Leporellos an die verlassene Geliebte Don Juans ruft englische Staatsweisheit neulich – noch durch den Mund Lord John Rus-

---

* Ursprünglich Kaperfahrer im Dienste Frankreichs (was sie von normalen Piraten unterschied). In den 50er-Jahren des 19. Jahrhunderts baute William Walker nach diesem Vorbild private Expeditionskorps auf, die im Auftrag der amerikanischen Sklavenhalter Mittelamerika unterwerfen sollten. – Anm. d. Hrsg.

sells – wieder und wieder dem Norden der Vereinigten Staaten zu. Lässt der Norden den Süden laufen, so befreit er sich von aller Verquickung mit der Sklaverei, von seiner geschichtlichen Erbsünde und schafft die Grundlage einer neuen und höheren Entwicklung.

In der Tat, wenn Nord und Süd zwei selbständige Länder bildeten, wie etwa England und Hannover, so wäre ihre Trennung nicht schwieriger, als die Trennung von England und Hannover war. »Der Süden« jedoch ist weder ein geographisch vom Norden fest geschiedenes Gebiet noch eine moralische Einheit. Er ist überhaupt kein Land, sondern eine Schlachtparole.

Der Bürgerkrieg in den Vereinigten Staaten, 1861, 15, 339 [1985]

In den Vereinigten Staaten ist offenbar ein Krisenpunkt eingetreten mit Bezug auf die Frage, die dem ganzen Bürgerkrieg zugrunde liegt: die Sklavenfrage. General Frémont wird abgesetzt, weil er die Sklaven von Rebellen für frei erklärt. Kurz darauf veröffentlicht die Regierung von Washington eine Instruktion an General Sherman, den Kommandanten der Expedition nach Süd-Carolina, die weiter geht als Frémont, indem sie den flüchtigen Sklaven selbst loyaler Sklavenhalter als Lohnarbeiter zu empfangen und unter Umständen zu bewaffnen verordnet, die »loyalen« Eigentümer durch Aussicht auf spätere Entschädigung vertröstend. Oberst Cochrane geht weiter als Frémont und verlangt die allgemeine Bewaffnung der Sklaven als Kriegsmaßregel. Kriegsminister Cameron billigt öffentlich Cochranes »Meinungen«. Der Minister des Innern desavouiert darauf den Kriegsminister im Namen der Regierung. Der Kriegsminister wiederholt seine »Meinung« mit erhöhter Energie auf einem öffentlichen Meeting und erklärt, dass er sie in seinem Bericht an den Kongress geltend machen werde. General Halleck, Frémonts Nach-

folger in Missouri, wie General Dix in Ost-Virginia, treibt die flüchtigen Neger aus dem Kriegslager und verbietet ihr künftiges Erscheinen im Umkreis der von seiner Armee eingenommenen Positionen. General Wool empfängt gleichzeitig die schwarze »Kontrebande« mit offenen Armen in der Festung Monroe; die alten Führer der Demokratischen Partei, Senator Dickinson und Croswell (früher Mitglied der sogenannten demokratischen Regentschaft), erklären in offenen Sendschreiben ihre Übereinstimmung mit Cochrane und Cameron, und Oberst Jennison in Kansas überbietet alle seine militärischen Vorgänger durch eine Anrede an seine Truppen, worin es unter anderm lautet:
»Kein Temporisieren [Hinhalten, Zögern] mit Rebellen und denen, die mit ihnen sympathisieren ... Ich habe General Frémont erklärt, dass ich nicht das Schwert ergriffen hätte, glaubte ich, dass die Sklaverei diesen Kampf überleben werde. Die Sklaven von Rebellen werden stets Schutz in diesem Lager finden und mit dem letzten Mann und der letzten Kugel verteidigt werden. Ich will niemand unter meinen Truppen, der nicht Abolitionist ist (I want no men who are not Abolitionists), ich habe keinen Platz für sie und hoffe, dergleichen Leute befinden sich nicht unter uns, denn alle wissen, dass Sklaverei der Grund, die Mitte und die Spitze dieses höllischen Krieges ist ... Sollte die Regierung meine Handlungsweise missbilligen, so kann sie mein Patent zurückhaben, aber in diesem Falle werde ich auf meine eigene Faust handeln (on my own hoock), sollte ich im Beginn auch nur auf 6 Mann zählen können.«   *Krise in der Sklavenfrage, 1861, 15, 418 f. [1985]*

Das Elend, welches die durch die Blockade der Sklavenstaaten motivierte Stillsetzung der Fabriken und Verkürzung der Arbeitszeit in den nördlichen Manufaktur-Distrikten unter den Arbeitern erzeugt hat, ist unglaublich und täglich im Wachsen begriffen. Die anderen Bestandteile der Arbeiterklasse leiden nicht in demselben Grade, aber sie leiden empfindlich unter der Rückwirkung der Krise der Baumwollindustrie auf die übrigen Industriezweige, unter der Verkürzung der Ausfuhr ihrer eigenen Produkte nach dem Norden Amerikas infolge des Morrill-Tarifs und der Vernichtung dieser Ausfuhr nach dem Süden infolge der Blockade. Englische Einmischung in Amerika ist daher in diesem Augenblicke zur Messer- und Gabelfrage für die arbeitende Klasse geworden. Dazu wird vonseiten ihrer »natural superiors« (natürliche Vorgesetzte) kein Mittel verschmäht, um ihren Zorn gegen die Vereinigten Staaten zu entflammen. Das einzige noch existierende große und weitverbreitete Arbeiterorgan, »Reynolds's Newspaper«, ist eigens gekauft, um seit sechs Monaten in tobenden Diatriben das Ceterum censeo der englischen Intervention wöchentlich zu wiederholen. Die Arbeiterklasse ist sich daher völlig bewusst, dass die Regierung nur auf den Interventionsschrei von unten lauert, die pressure from without, um der amerikanischen Blockade und dem englischen Elend ein Ende zu machen. Unter diesen Umständen ist die Hartnäckigkeit bewundernswert, womit die Arbeiterklasse schweigt oder ihr Schweigen nur bricht, um ihre Stimme gegen die Intervention, für die Vereinigten Staaten zu erheben. Es ist dies ein neuer glänzender Beweis der unverwüstlichen Tüchtigkeit der englischen Volksmasse, jener Tüchtigkeit, die das Geheimnis der Größe Englands bildet und die, um in der hyperbolischen Sprache Mazzinis zu reden, den gemeinen englischen Soldaten während des Krimkrieges und der indischen Insurrektion als einen Halbgott erscheinen ließ. *Ein Londoner Arbeitermeeting, 1862, 15, 454 f. [1985]*

Humanität ist jetzt in England, wie Freiheit in Frankreich, ein Exportartikel für die traders in politics [Geschäftemacher in Politik]

geworden. Wir erinnern uns der Zeit, wo der Zar Nikolaus polnische Damen von Soldaten aushauen ließ und wo Lord Palmerston die sittliche Entrüstung einiger Parlamentler über dies Ereignis »unpolitisch« fand. Wir erinnern uns, dass vor ungefähr einem Dezennium eine Revolte auf den Ionischen Inseln stattfand, die den dortigen englischen Gouverneur veranlasste, eine nicht unbedeutende Zahl griechischer Weiber geißeln zu lassen. Probatum est, sagten Palmerston und seine damaligen Whig-Kollegen, die sich an der Regierung befanden. Noch vor wenigen Jahren wurde aus offiziellen Dokumenten dem Parlament bewiesen, dass die Steuereintreiber in Indien Zwangsmittel gegen die Weiber der ryots [indischen Bauern] anwendeten, deren Infamie verbietet, sie weiter zu detaillieren. Palmerston und Kollegen wagten zwar nicht, diese Scheußlichkeiten zu rechtfertigen, aber wie würden sie aufgeschrien haben, hätte eine fremde Regierung gewagt, öffentlich ihre Entrüstung über diese englischen Infamien zu proklamieren, und nicht undeutlich anzudeuten, sie werde einschreiten, falls Palmerston und Kollegen nicht sofort die indischen Steuerbeamten desavouierten. (...)
Die Ladies von New Orleans, gelbe Schönheiten, geschmacklos drapiert mit Juwelen, etwa vergleichbar den Weibern der alten Mexikaner, nur dass sie ihre Sklaven nicht in natura aufessen, sind diesmal – früher waren es die Häfen von Charleston – die Anlässe britisch-aristokratischer Humanitätsentfaltung. Die englischen Weiber (es sind jedoch keine Ladies, auch besitzen sie keine Sklaven), die in Lancashire hungern, haben bisher keine parlamentarische Lippe bewegt; der Notschrei der irischen Weiber, die bei der fortschreitenden Zusammenwerfung der kleinen Pachten auf dem grünen Erin [Irland] halbnackt auf die Straße geworfen und ebenso von Haus und Hof gejagt werden, als ob die Tataren eingefallen, hat bisher ein einziges Echo von Lords, Commons und Her Majesty's Government hervorgerufen – Homilien

über die absoluten Rechte des Grundeigentums. Aber die Ladies von New Orleans! Das ist freilich ein anderer Kasus. Diese Ladies waren viel zu aufgeklärt, um an dem Kriegsgetümmel teilzunehmen, gleich den Göttinnen des Olymps, oder sich in die Flammen zu stürzen, gleich den Weibern von Sagunt. Sie haben eine neue und gefahrlose Mode des Heroismus erfunden, eine Mode, wie sie nur von Sklavenhalterinnen erfunden werden konnte, und zwar nur von Sklavenhalterinnen in einem Lande, wo der freie Teil der Bevölkerung seines Berufs Krämer ist, Handelsmann in Baumwolle oder Zucker oder Tabak, nicht Sklaven hält, wie die Cives der antiken Welt. Nachdem ihre Männer fortgelaufen von New Orleans oder sich in ihre Hintergemächer verkrochen hatten, stürzten diese Ladies auf die Straßen, um den siegreichen Unionstruppen ins Gesicht zu speien, oder die Zungen gegen sie herauszustrecken, oder überhaupt wie Mephistopheles »eine unanständige Gebärde« zu machen, begleitet mit insultierenden Worten. Diese Megären glaubten »ungestraft« ungezogen sein zu dürfen.

Englische Humanität und Amerika, 1862, 15, 508 f. [1985]

In einer kleinen cottage zu Gauxholme, in der Nachbarschaft von Padmonden (West Riding von Yorkshire) lebte ein Vater mit zwei Töchtern; der Vater alt und gebrechlich, die Mädchen ihr Brot erntend als Arbeiterinnen in der Baumwollfabrik der Herren Halliwell. Sie bewohnten ein elendes Zimmer im Untergeschoss, wenige Fuß ab von einem schmutzigen Bach, und über ihrem Fenster bildete eine Treppe den Zugang für die Einwohner des obern Stockwerks, wodurch das Licht von der öden Behausung abgeschnitten ward. Während der besten Zeiten verdienten sie nur genug, um »Leib und Seele zusammenzuhalten«; aber in den letzten 15 Wochen versiegte ihnen die einzige Nahrungsquelle.

Die Fabrik wurde geschlossen; die Familie hatte nicht länger die Mittel, eine Mahlzeit zu erwerben. Schritt für Schritt zog sie das Elend in seinen Abgrund. Jede Stunde brachte sie dem Grabe näher. Die kümmerlichen Ersparungen waren bald erschöpft. Die Reihe kam an das dürftige Mobiliar, an Kleider, Wäsche und was immerhin verkaufbar oder versetzbar war – um es in Brot zu verwandeln. Es ist gewiss, dass während der 14 Wochen, worin sie keinen farthing verdienten, sie nicht einmal die Hilfe der Pfarrei beansprucht haben.
Zur Erhöhung der Qual war der Alte seit einem Monat krank und unfähig, das Bett zu verlassen. Die Tragödie zwischen Ugolino und seinen Söhnen wiederholte sich ohne ihren Kannibalismus in der Hütte von Padmonden. In der letzten Verzweiflung, vor etwa acht Tagen (12.), machte sich endlich das stärkere der beiden Mädchen auf, ging zu dem Armenhauspfleger und erzählte ihm die kummervolle Märe. Dieser Herr, unglaublich wie es scheinen mag, antwortete, er könne nichts für die Familie tun bis nächsten Mittwoch. Fünf Tage länger sollten die drei armen Dulder hinsterben, bis der mächtige Büttel sich endlich herablassen werde, Hilfe zu leisten. Die Familie harrte ab – sie konnte nicht anders. Als der anberaumte Mittwoch endlich kam, an dem offizielles Wohlwollen der vom Hunger geschlagenen Familie eine Brotkrume zuwerfen sollte, wurde die Dorfschaft aufgeschreckt durch das Gerücht, dass eine der Schwestern am Hungertod gestorben sei. Das schreckliche Gerücht war nur zu wahr. Ausgestreckt auf einer elenden Pritsche, mitten unter den Symbolen des scheußlichsten Elends, lag die Leiche des verhungerten Mädchens, während ihr Vater abgezehrt und hilflos auf seinem Bett schluchzte und die überlebende Schwester gerade noch genug Kraft besaß, die Geschichte ihrer Leiden zu erzählen. Aus Erfahrung wissen wir, wozu dieser entsetzliche Fall, durchaus kein Ausnahmsfall heutzutage, führen wird. Es wird eine Totenschau abgehalten werden. Der

coroner (Totenbeschauer) wird sich weitläufig ergehen über den wohlwollenden Geist des englischen Armengesetzes, die Vorzüglichkeit der Maschinerie für seine Ausführung wieder als prima facie Beweis [Scheinbeweis] anführen, dass das Gesetz unmöglich für den traurigen Zufall verantwortlich sein kann. Der Armenhauspfleger wird sich weißwaschen, und wenn nicht warm bekomplimentiert vom Gerichtshof, wird er jedenfalls zur Beruhigung erfahren, dass nicht der kleinste Makel an ihm haftet. Die Jury endlich wird die feierliche Komödie krönen durch das Urteil: »Died by the visitation of God.« (Gestorben infolge der Heimsuchung von Gott.)

Die Arbeiternot in England, 1862, 15, 546 f. [1985]

Die polnische Frage ist die deutsche Frage. Ohne ein unabhängiges Polen kein unabhängiges und einiges Deutschland; keine Emanzipation Deutschlands von der russischen Oberherrschaft, die mit der ersten Teilung Polens begann. Die deutsche Aristokratie hat schon längst den Zaren als geheimen Ober-Landesvater anerkannt. Die deutsche Bourgeoisie sieht stumm, tatenlos und gleichgültig dem Abschlachten des Heldenvolkes zu, das Deutschland allein noch vor der muskovitischen Sündflut beschützt. Ein Teil der Bourgeoisie begreift die Gefahr, opfert aber bereitwillig das deutsche Interesse dem Interesse deutscher Sonderstaaten, deren Fortbestand durch die Zerstückelung Deutschlands und die Erhaltung der russischen Hegemonie bedingt ist. Ein anderer Teil der Bourgeoisie betrachtet die Autokratie im Osten ganz wie die Herrschaft des Staatsstreichs im Westen, als notwendige Stütze der Ordnung. Ein dritter Teil endlich ist so ganz und gar vom wichtigen Geschäft des Geldmachens unterjocht, dass er das Verständnis und den Blick für große geschichtliche Verhältnisse völlig eingebüßt hat. Durch ihre laute Demonstration für Polen zwang die deutsche Bürgerschaft von 1831 und 1832 wenigstens den Bundestag zu Gewaltschritten. Heutzutage findet Polen seine eifrigsten Widersacher, Russland also seine nützlichsten Werkzeuge, unter den liberalen Koryphäen des sogenannten Nationalvereins. Jeder mag für sich selbst entscheiden, wie weit dies liberale Russentum zusammenhängt mit der preußischen Spitze.

Lauten Protest gegen den deutschen Verrat an Polen, der zugleich ein Verrat an Deutschland und Europa ist, schuldet die deutsche Arbeiterklasse in diesem verhängnisvollen Augenblick den Polen, dem Auslande und ihrer eignen Ehre. Wiederherstellung Polens muss sie in Flammenzügen auf ihre Fahne schreiben, nachdem der bürgerliche Liberalismus diese glorreiche Parole von seiner Fahne weggestrichen hat. Die englische Arbeiterklasse hat dadurch unsterbliche geschichtliche Ehre geerntet, dass sie den wiederholten Versuch der herrschenden Klassen zur Intervention für die amerikanischen Sklavenhalter durch enthusiastische Massenmeetings niederschlug, obgleich die Fortdauer des Amerikanischen Bürgerkriegs einer Million englischer Arbeiter die furchtbarsten Leiden und Entsagungen aufbürdet.

Wenn polizeiliche Zustände der Arbeiterklasse in Deutschland Demonstrationen solchen Umfangs für Polen untersagen, zwingen sie dieselbe doch keinesfalls, durch Teilnahmlosigkeit und Verstummen sich als Mitschuldige des Verrats in den Augen aller Welt zu brandmarken.

Proklamation des Deutschen Bildungsvereins für Arbeiter in London über Polen, 1862, 15, 576 f. [1985]

Und dennoch war die Periode von 1848 bis 1864 nicht ohne ihre Lichtseite. Hier seien nur zwei große Ereignisse erwähnt. Nach einem dreißigjährigen Kampf, der mit bewundrungswür-

diger Ausdauer geführt ward, gelang es der englischen Arbeiterklasse durch Benutzung eines augenblicklichen Zwiespalts zwischen Landlords und Geldlords, die Zehnstundenbill durchzusetzen. (…)
Der Kampf über die gesetzliche Beschränkung der Arbeitszeit wütete umso heftiger, je mehr er, abgesehen von aufgeschreckter Habsucht, in der Tat die große Streitfrage traf, die Streitfrage zwischen der blinden Herrschaft der Gesetze von Nachfrage und Zufuhr, welche die politische Ökonomie der Mittelklasse bildet, und der Kontrolle sozialer Produktion durch soziale Ein- und Vorsicht, welche die politische Ökonomie der Arbeiterklasse bildet. Die Zehnstundenbill war daher nicht bloß eine große praktische Errungenschaft, sie war der Sieg eines Prinzips. Zum ersten Mal erlag die politische Ökonomie der Mittelklasse in hellem Tageslicht vor der politischen Ökonomie der Arbeiterklasse.
Inauguraladresse der Internationalen Arbeiter-Assoziation,
1864, 16, 10 f. [1981]

Politische Macht zu erobern ist daher jetzt die große Pflicht der Arbeiterklassen. Sie scheinen dies begriffen zu haben, denn in England, Frankreich, Deutschland und Italien zeigt sich ein gleichzeitiges Wiederaufleben und finden gleichzeitige Versuche zur Reorganisation der Arbeiterpartei statt. Ein Element des Erfolges besitzt sie, die Zahl. Aber Zahlen fallen nur in die Waagschale, wenn Kombination sie vereint und Kenntnis sie leitet. Die vergangene Erfahrung hat gezeigt, wie Missachtung des Bandes der Brüderlichkeit, welches die Arbeiter der verschiedenen Länder verbinden und sie anfeuern sollte, in allen ihren Kämpfen für Emanzipation fest beieinanderzustehen, stets gezüchtigt wird durch die gemeinschaftliche Vereitlung ihrer zusammenhangslosen Versuche. Es war dies Bewusstsein, das die Arbeiter verschie-

dener Länder, versammelt am 28. September 1864 in dem öffentlichen Meeting zu St. Martin's Hall, London, anspornte zur Stiftung der Internationalen Assoziation.
Inauguraladresse der Internationalen Arbeiter-Assoziation, 1864, 16, 12 f. [1981]

In Erwägung,
dass die Emanzipation der Arbeiterklasse durch die Arbeiterklasse selbst erobert werden muss; dass der Kampf für die Emanzipation der Arbeiterklasse kein Kampf für Klassenvorrechte und Monopole ist, sondern für gleiche Rechte und Pflichten und für die Vernichtung aller Klassenherrschaft;
dass die ökonomische Unterwerfung des Arbeiters unter den Aneigner der Arbeitsmittel, d. h. der Lebensquellen, der Knechtschaft in allen ihren Formen zugrunde liegt – allem gesellschaftlichen Elend, aller geistigen Verkümmerung und politischen Abhängigkeit;
dass die ökonomische Emanzipation der Arbeiterklasse daher der große Endzweck ist, dem jede politische Bewegung, als Mittel, unterzuordnen ist;
dass alle auf dieses Ziel gerichteten Versuche bisher gescheitert sind aus Mangel an Einigung unter den mannigfachen Arbeitszweigen jedes Landes und an der Abwesenheit eines brüderlichen Bundes unter den Arbeiterklassen der verschiedenen Länder;
dass die Emanzipation der Arbeiterklasse weder eine lokale noch eine nationale, sondern eine soziale Aufgabe ist, welche alle Länder umfasst, in denen die moderne Gesellschaft besteht, und deren Lösung vom praktischen und theoretischen Zusammenwirken der fortgeschrittensten Länder abhängt;
dass die gegenwärtig sich erneuernde Bewegung der Arbeiterklasse in den industriellsten Ländern Europas, während sie neue

Hoffnungen wachruft, zugleich feierliche Warnung erteilt gegen einen Rückfall in die alten Irrtümer und zur sofortigen Zusammenfassung der noch zusammenhangslosen Bewegungen drängt; aus diesen Gründen haben die unterzeichneten Mitglieder des Komitees, welches am 28. September 1864 auf der öffentlichen Versammlung in St. Martin's Hall, London, gewählt wurde, die notwendigen Schritte zur Gründung der Internationalen Arbeiter-Assoziation getan.

Provisorische Statuten der Internationalen Arbeiter-Assoziation, 1864, 16, 15 [1981]

Sir,

wir wünschen dem amerikanischen Volk Glück zu Ihrer mit großer Majorität erfolgten Wiederwahl!

Wenn Widerstand gegen die Macht der Sklavenhalter die maßvolle Losung Ihrer ersten Wahl war, so ist Tod der Sklaverei! der triumphierende Schlachtruf Ihrer Wiederwahl. (...)

Solange die Arbeiter, die wahren Träger der politischen Macht im Norden, es erlaubten, dass die Sklaverei ihre eigene Republik besudelte; solange sie es dem Neger gegenüber, der ohne seine Zustimmung einen Herrn hatte und verkauft wurde, als das höchste Vorrecht des weißen Arbeiters rühmten, dass er selbst sich verkaufen und seinen Herrn wählen könne – solange waren sie unfähig, die wahre Freiheit der Arbeit zu erringen oder ihre europäischen Brüder in ihrem Befreiungskampfe zu unterstützen. Dieses Hindernis des Fortschritts ist von dem roten Meere des Bürgerkrieges hinweggeschwemmt worden.

Die Arbeiter Europas sind von der Überzeugung durchdrungen, dass, wie der amerikanische Unabhängigkeitskrieg eine neue Epoche der Machtentfaltung für die Mittelklasse einweihte, so der amerikanische Krieg gegen die Sklaverei eine neue Epoche der Machtentfaltung für die Arbeiterklasse einweihen wird. Sie betrachten es als ein Wahrzeichen der kommenden Epoche, dass Abraham Lincoln, dem starksinnigen, eisernen Sohn der Arbeiterklasse, das Los zugefallen ist, sein Vaterland durch den beispiellosen Kampf für die Erlösung einer geknechteten Rasse und für die Umgestaltung der sozialen Welt hindurchzuführen.

An Abraham Lincoln, Präsident der Vereinigten Staaten von Amerika, 1864, 16, 18 f. [1981]

DIE ÖKONOMISCHE LEHRE VON KARL MARX   1865–1868

Die Internationale Arbeiter-Assoziation hatte sich die Verbesserung der Lage der Arbeiterklasse zum Ziel gesetzt. Daher wurden die Arbeitsbedingungen in den verschiedenen Ländern, in denen es Sektionen gab, ebenso erhoben wie die Löhne. Marx, der schon seit Jahren an einem großen Werk über die »Bewegungsgesetze der kapitalistischen Gesellschaft« arbeitete, entwickelte und schärfte seine theoretischen Überlegungen in den Diskussionen der I. Internationale. Ausformuliert erschienen sie 1867 im ersten Band von »Das Kapital«.

Eine Ware hat Wert, weil sie Kristallisation gesellschaftlicher Arbeit ist. Die Größe ihres Werts oder ihr relativer Wert hängt ab von der größeren oder geringeren Menge dieser in ihr enthaltnen gesellschaftlichen Substanz; d. h. von der zu ihrer Produktion notwendigen relativen Arbeitsmasse. Die relativen Werte der Waren werden daher bestimmt durch die respektiven in ihnen aufgearbeiteten, vergegenständlichten, dargestellten Quanta oder Mengen von Arbeit. Die korrelativen Warenquanta, die in derselben Arbeitszeit produziert werden können, sind gleich. Oder der Wert einer Ware verhält sich zum Wert einer andern Ware wie das Quantum der in der einen Ware dargestellten Arbeit zu dem Quantum der in der andern Ware dargestellten Arbeit.

Lohn, Preis und Profit, 1865, 16, 123 f. [1981]

Preis ist an sich nichts als der Geldausdruck des Werts. Hierzulande z. B. werden die Werte aller Waren in Goldpreisen, auf dem Kontinent dagegen hauptsächlich in Silberpreisen ausgedrückt. Der Wert von Gold oder Silber wie der aller andern Waren wird reguliert von dem zu ihrer Erlangung notwendigen Arbeitsquantum. Eine bestimmte Menge eurer einheimischen Produkte, worin ein bestimmter Betrag eurer nationalen Arbeit kristallisiert ist, tauscht ihr aus gegen das Produkt der Gold und Silber produzierenden Länder, in welchem ein bestimmtes Quantum ihrer Arbeit kristallisiert ist. Es ist in dieser Weise, faktisch durch Tauschhandel, dass ihr lernt, die Werte aller Waren, d. h. die respektiven auf sie verwendeten Arbeitsquanta, in Gold und Silber auszudrücken. Den Geldausdruck des Werts etwas näher betrachtet, oder, was dasselbe, die Verwandlung des Werts in Preis, werdet ihr finden, dass dies ein Verfahren ist, wodurch ihr den Werten aller Waren eine unabhängige und homogene Form verleiht oder sie als Quanta gleicher gesellschaftlicher Arbeit ausdrückt. Soweit der Preis nichts ist als der Geldausdruck des Werts, hat ihn Adam Smith den »natürlichen Preis«, haben ihn die französischen Physiokraten den »prix nécessaire« [»notwendigen Preis«] genannt. Welche Beziehung besteht nun zwischen Werten und Marktpreisen oder zwischen natürlichen Preisen und Marktpreisen? Ihr alle wisst, dass der Marktpreis für alle Waren derselben Art derselbe ist, wie verschieden immer die Bedingungen der Produktion für die einzelnen Produzenten sein mögen. Die Marktpreise drücken nur die unter den Durchschnittsbedingungen der Produktion für die Versorgung des Markts mit einer bestimmten Masse eines bestimmten Artikels notwendige Durchschnittsmenge gesellschaftlicher Arbeit aus. Er wird aus der Gesamtheit aller Waren einer bestimmten Gattung errechnet.

Lohn, Preis und Profit, 1865, 16, 127 f. [1981]

Was der Arbeiter verkauft, ist nicht direkt seine Arbeit, sondern seine Arbeitskraft, über die er dem Kapitalisten vorübergehend die Verfügung überlässt. Dies ist so sehr der Fall, dass – ich weiß nicht, ob durch englisches Gesetz, jedenfalls aber durch einige Gesetze auf dem Kontinent – die maximale Zeitdauer, wofür ein

Mann seine Arbeitskraft verkaufen darf, festgestellt ist. Wäre es ihm erlaubt, das für jeden beliebigen Zeitraum zu tun, so wäre ohne weiteres die Sklaverei wiederhergestellt. Wenn solch ein Verkauf sich z. B. auf seine ganze Lebensdauer erstreckte, so würde er dadurch auf einen Schlag zum lebenslänglichen Sklaven seines Lohnherrn gemacht.

Lohn, Preis und Profit, 1865, 16, 130 [1981]

Wie der jeder andern Ware ist der Wert [der Arbeitskraft] bestimmt durch das zu ihrer Produktion notwendige Arbeitsquantum. Die Arbeitskraft eines Menschen existiert nur in seiner lebendigen Leiblichkeit. Eine gewisse Menge Lebensmittel muss ein Mensch konsumieren, um aufzuwachsen und sich am Leben zu erhalten. Der Mensch unterliegt jedoch, wie die Maschine, der Abnutzung und muss durch einen andern Menschen ersetzt werden. Außer der zu *seiner eignen* Erhaltung erheischten Lebensmittel bedarf er einer andern Lebensmittelmenge, um eine gewisse Zahl Kinder aufzuziehn, die ihn auf dem Arbeitsmarkt zu ersetzen und das Geschlecht der Arbeiter zu verewigen haben. Mehr noch, um seine Arbeitskraft zu entwickeln und ein gegebnes Geschick zu erwerben, muss eine weitere Menge von Werten verausgabt werden. Für unsern Zweck genügt es, nur *Durchschnitts*arbeit in Betracht zu ziehn, deren Erziehungs- und Ausbildungskosten verschwindend geringe Größen sind. Dennoch muss ich diese Gelegenheit zu der Feststellung benutzen, dass, genauso wie die Produktionskosten für Arbeitskräfte verschiedner Qualität nun einmal verschieden sind, auch die Werte der in verschiednen Geschäftszweigen beschäftigten Arbeitskräfte verschieden sein müssen. Der Ruf nach *Gleichheit der Löhne* beruht daher auf einem Irrtum, ist ein unerfüllbarer *törichter* Wunsch. Er ist die Frucht jenes falschen und platten Radikalismus, der die

Voraussetzungen annimmt, die Schlussfolgerungen aber umgehn möchte. Auf Basis des Lohnsystems wird der Wert der Arbeitskraft in derselben Weise festgesetzt wie der jeder andern Ware; und da verschiedne Arten Arbeitskraft verschiedne Werte haben oder verschiedne Arbeitsquanta zu ihrer Produktion erheischen, so *müssen* sie auf dem Arbeitsmarkt verschiedne Preise erzielen. Nach *gleicher oder gar gerechter Entlohnung* auf Basis des Lohnsystems rufen, ist dasselbe, wie auf Basis des Systems der Sklaverei nach *Freiheit* zu rufen. Was ihr für recht oder gerecht erachtet, steht nicht in Frage. Die Frage ist: Was ist bei einem gegebnen Produktionssystem notwendig und unvermeidlich?

Lohn, Preis und Profit, 1865, 16, 131 f. [1981]

Unterstellt nun, dass die Produktion der Durchschnittsmenge täglicher Lebensmittel für einen Arbeitenden 6 *Stunden Durchschnittsarbeit* erheischt. Unterstellt überdies auch, 6 Stunden Durchschnittsarbeit seien in einem Goldquantum gleich 3 sh. [Shilling] vergegenständlicht. Dann wären 3 sh. der *Preis* oder Geldausdruck des *Tageswerts* der *Arbeitskraft* jenes Mannes. Arbeitete er täglich 6 Stunden, so würde er täglich einen Wert produzieren, der ausreicht, um die Durchschnittsmenge seiner täglichen Lebensmittel zu kaufen oder sich selbst als Arbeitenden am Leben zu erhalten.

Aber unser Mann ist ein Lohnarbeiter. Er muss daher seine Arbeitskraft einem Kapitalisten verkaufen. Verkauft er sie zu 3 sh. per Tag oder 18 sh. die Woche, so verkauft er sie zu ihrem Wert. Unterstellt, er sei ein Spinner. Wenn er 6 Stunden täglich arbeitet, wird er der Baumwolle einen Wert von 3 sh. täglich zusetzen. Dieser von ihm täglich zugesetzte Wert wäre exakt ein Äquivalent für den Arbeitslohn oder Preis seiner Arbeitskraft, den er täglich empfängt. Aber in diesem Fall käme dem Kapitalisten *kei-*

nerlei Mehrwert oder *Mehrprodukt* zu. Hier kommen wir also an den springenden Punkt.

Durch Kauf der Arbeitskraft des Arbeiters und Bezahlung ihres Werts hat der Kapitalist, wie jeder andre Käufer, das Recht erworben, die gekaufte Ware zu konsumieren oder zu nutzen. Man konsumiert oder nutzt die Arbeitskraft eines Mannes, indem man ihn arbeiten lässt, wie man eine Maschine konsumiert oder nutzt, indem man sie laufen lässt. Durch Bezahlung des Tages- oder Wochenwerts der Arbeitskraft des Arbeiters hat der Kapitalist daher das Recht erworben, diese Arbeitskraft während *des ganzen Tags oder der ganzen Woche* zu nutzen oder arbeiten zu lassen. Der Arbeitstag oder die Arbeitswoche hat natürlich bestimmte Grenzen, die wir aber erst später betrachten werden.

Lohn, Preis und Profit, 1865, 16, 132 f. [1981]

Nach dieser sehr langen und, wie ich fürchte, ermüdenden Auseinandersetzung, auf die ich mich einlassen musste, um dem zur Debatte stehenden Gegenstand einigermaßen gerecht zu werden, möchte ich mit dem Vorschlag schließen, folgende Beschlüsse anzunehmen:

1. Eine allgemeine Steigerung der Lohnrate würde auf ein Fallen der allgemeinen Profitrate hinauslaufen, ohne jedoch, allgemein gesprochen, die Warenpreise zu beeinflussen.

2. Die allgemeine Tendenz der kapitalistischen Produktion geht dahin, den durchschnittlichen Lohnstandard nicht zu heben, sondern zu senken.

3. Gewerkschaften tun gute Dienste als Sammelpunkte des Widerstands gegen die Gewalttaten des Kapitals. Sie verfehlen ihren Zweck zum Teil, sobald sie von ihrer Macht einen unsachgemäßen Gebrauch machen. Sie verfehlen ihren Zweck gänzlich, sobald sie sich darauf beschränken, einen Kleinkrieg gegen die

Wirkungen des bestehenden Systems zu führen, statt gleichzeitig zu versuchen, es zu ändern, statt ihre organisierten Kräfte zu gebrauchen als einen Hebel zur schließlichen Befreiung der Arbeiterklasse, d. h. zur endgültigen Abschaffung des Lohnsystems.
Lohn, Preis und Profit, 1865, 16, 152 [1981]

Eine Ware scheint auf den ersten Blick ein selbstverständliches, triviales Ding. Ihre Analyse ergibt, dass sie ein sehr vertracktes Ding ist, voll metaphysischer Spitzfindigkeit und theologischer Mucken. Soweit sie Gebrauchswert, ist nichts Mysteriöses an ihr, ob ich sie nun unter dem Gesichtspunkt betrachte, dass sie durch ihre Eigenschaften menschliche Bedürfnisse befriedigt oder diese Eigenschaften erst als Produkt menschlicher Arbeit erhält. Es ist sinnenklar, dass der Mensch durch seine Tätigkeit die Formen der Naturstoffe in einer ihm nützlichen Weise verändert. Die Form des Holzes z. B. wird verändert, wenn man aus ihm einen Tisch macht. Nichtsdestoweniger bleibt der Tisch Holz, ein ordinäres sinnliches Ding. Aber sobald er als Ware auftritt, verwandelt er sich in ein sinnlich übersinnliches Ding. Er steht nicht nur mit seinen Füßen auf dem Boden, sondern er stellt sich allen andren Waren gegenüber auf den Kopf und entwickelt aus seinem Holzkopf Grillen, viel wunderlicher, als wenn er aus freien Stücken zu tanzen begänne. *Das Kapital [Band 1], 1867, 21, 85 [1974]*

Woher entspringt also der rätselhafte Charakter des Arbeitsprodukts, sobald es Warenform annimmt? Offenbar aus dieser Form selbst. Die Gleichheit der menschlichen Arbeiten erhält die sachliche Form der gleichen Wertgegenständlichkeit der Arbeitsprodukte, das Maß der Verausgabung menschlicher Arbeitskraft durch ihre Zeitdauer erhält die Form der Wertgröße der Arbeitsprodukte,

endlich die Verhältnisse der Produzenten, worin jene gesellschaftlichen Bestimmungen ihrer Arbeiten betätigt werden, erhalten die Form eines gesellschaftlichen Verhältnisses der Arbeitsprodukte.
Das Geheimnisvolle der Warenform besteht also einfach darin, dass sie den Menschen die gesellschaftlichen Charaktere ihrer eignen Arbeit als gegenständliche Charaktere der Arbeitsprodukte selbst, als gesellschaftliche Natureigenschaften dieser Dinge zurückspiegelt, daher auch das gesellschaftliche Verhältnis der Produzenten zur Gesamtarbeit als ein außer ihnen existierendes gesellschaftliches Verhältnis von Gegenständen. Durch dies Quidproquo werden die Arbeitsprodukte Waren, sinnlich übersinnliche oder gesellschaftliche Dinge. So stellt sich der Lichteindruck eines Dings auf den Sehnerv nicht als subjektiver Reiz des Sehnervs selbst, sondern als gegenständliche Form eines Dings außerhalb des Auges dar. Aber beim Sehen wird wirklich Licht von einem Ding, dem äußeren Gegenstand, auf ein andres Ding, das Auge, geworfen. Es ist ein physisches Verhältnis zwischen physischen Dingen. Dagegen hat die Warenform und das Wertverhältnis der Arbeitsprodukte, worin sie sich darstellt, mit ihrer physischen Natur und den daraus entspringenden dinglichen Beziehungen absolut nichts zu schaffen. Es ist nur das bestimmte gesellschaftliche Verhältnis der Menschen selbst, welches hier für sie die phantasmagorische Form eines Verhältnisses von Dingen annimmt. Um daher eine Analogie zu finden, müssen wir in die Nebelregion der religiösen Welt flüchten. Hier scheinen die Produkte des menschlichen Kopfes mit eignem Leben begabte, untereinander und mit den Menschen in Verhältnis stehende selbständige Gestalten. So in der Warenwelt die Produkte der menschlichen Hand. Dies nenne ich den Fetischismus, der den Arbeitsprodukten anklebt, sobald sie als Waren produziert werden, und der daher von der Warenproduktion unzertrennlich ist.

Das Kapital [Band 1], 1867, 21, 86 f. [1974]

Gebrauchsgegenstände werden überhaupt nur Waren, weil sie Produkte voneinander unabhängig betriebner Privatarbeiten sind. Der Komplex dieser Privatarbeiten bildet die gesellschaftliche Gesamtarbeit. Da die Produzenten erst in gesellschaftlichen Kontakt treten durch den Austausch ihrer Arbeitsprodukte, erscheinen auch die spezifisch gesellschaftlichen Charaktere ihrer Privatarbeiten erst innerhalb dieses Austausches. Oder die Privatarbeiten betätigen sich in der Tat erst als Glieder der gesellschaftlichen Gesamtarbeit durch die Beziehungen, worin der Austausch die Arbeitsprodukte und vermittelst derselben die Produzenten versetzt. Den letzteren erscheinen daher die gesellschaftlichen Beziehungen ihrer Privatarbeiten als das, was sie sind, d. h. nicht als unmittelbar gesellschaftliche Verhältnisse der Personen in ihren Arbeiten selbst, sondern vielmehr als sachliche Verhältnisse der Personen und gesellschaftliche Verhältnisse der Sachen.

Erst innerhalb ihres Austauschs erhalten die Arbeitsprodukte eine von ihrer sinnlich verschiednen Gebrauchsgegenständlichkeit getrennte, gesellschaftlich gleiche Wertgegenständlichkeit. Diese Spaltung des Arbeitsprodukts in nützliches Ding und Wertding betätigt sich nur praktisch, sobald der Austausch bereits hinreichende Ausdehnung und Wichtigkeit gewonnen hat, damit nützliche Dinge für den Austausch produziert werden, der Wertcharakter der Sachen also schon bei ihrer Produktion selbst in Betracht kommt. Von diesem Augenblick erhalten die Privatarbeiten der Produzenten tatsächlich einen doppelten gesellschaftlichen Charakter. Sie müssen einerseits als bestimmte nützliche Arbeiten ein bestimmtes gesellschaftliches Bedürfnis befriedigen und sich so als Glieder der Gesamtarbeit, des naturwüchsigen Systems der gesellschaftlichen Teilung der Arbeit, bewähren. Sie befriedigen andrerseits nur die mannigfachen Bedürfnisse ihrer eignen Produzenten, sofern jede besondre nützliche Privatarbeit mit jeder andren nützlichen Art Privatarbeit austauschbar ist, also ihr gleichgilt. Die Gleichheit toto coelo [völlig] verschiedner Arbeiten kann nur in einer Abstraktion von ihrer wirklichen Ungleichheit bestehn, in der Reduktion auf den gemeinsamen Charakter, den sie als Verausgabung menschlicher Arbeitskraft, abstrakt menschliche Arbeit, besitzen. Das Gehirn der Privatproduzenten spiegelt diesen doppelten gesellschaftlichen Charakter ihrer Privatarbeiten nur wider in den Formen, welche im praktischen Verkehr, im Produktenaustausch erscheinen – den gesellschaftlich nützlichen Charakter ihrer Privatarbeiten also in der Form, dass das Arbeitsprodukt nützlich sein muss, und zwar für andre – den gesellschaftlichen Charakter der Gleichheit der verschiedenartigen Arbeiten in der Form des gemeinsamen Wertcharakters dieser materiell verschiednen Dinge, der Arbeitsprodukte. *Das Kapital [Band 1], 1867, 21, 87 f. [1974]*

Stellen wir uns endlich, zur Abwechslung, einen Verein freier Menschen vor, die mit gemeinschaftlichen Produktionsmitteln arbeiten und ihre vielen individuellen Arbeitskräfte selbstbewusst als eine gesellschaftliche Arbeitskraft verausgaben. Alle Bestimmungen von Robinsons Arbeit wiederholen sich hier, nur gesellschaftlich statt individuell. Alle Produkte Robinsons waren sein ausschließlich persönliches Produkt und daher unmittelbar Gebrauchsgegenstände für ihn. Das Gesamtprodukt des Vereins ist ein gesellschaftliches Produkt. Ein Teil dieses Produkts dient wieder als Produktionsmittel. Er bleibt gesellschaftlich. Aber ein anderer Teil wird als Lebensmittel von den Vereinsgliedern verzehrt. Er muss daher unter sie verteilt werden. Die Art dieser Verteilung wird wechseln mit der besondren Art des gesellschaftlichen Produktionsorganismus selbst und der entsprechenden geschichtlichen Entwicklungshöhe der Produzenten. Nur zur Parallele mit der Warenproduktion setzen wir voraus, der Anteil jedes Produzenten an den Lebensmitteln sei bestimmt durch seine Arbeitszeit. Die Arbeitszeit würde also eine doppelte Rolle spielen. Ihre gesellschaftlich planmäßige Verteilung regelt die richtige Proportion der verschiednen Arbeitsfunktionen zu den verschiednen Bedürfnissen. Andrerseits dient die Arbeitszeit zugleich als Maß des individuellen Anteils des Produzenten an der Gemeinarbeit und daher auch an dem individuell verzehrbaren Teil des Gemeinprodukts. Die gesellschaftlichen Beziehungen der Menschen zu ihren Arbeiten und ihren Arbeitsprodukten bleiben hier durchsichtig einfach in der Produktion sowohl als in der Distribution. *Das Kapital [Band 1], 1867, 21, 92 f. [1974]*

Einerseits hat sich die Maschinerie als eines der mächtigsten Instrumente des Despotismus und der Aussaugung in den Händen der Kapitalistenklasse erwiesen; andererseits schafft die Entwicklung der Maschinerie die notwendigen materiellen Bedingungen zur Verdrängung des Systems der Lohnarbeit durch ein wahrhaft soziales System der Produktion.
Resolutionsentwurf über die Folgen der Anwendung von Maschinen durch die Kapitalisten, dem Brüsseler Kongress vom Generalrat vorgeschlagen, 1868, 16, 315 [1981]

Das Recht der Erbschaft ist nur insofern von sozialer Wichtigkeit, als es dem Erben die Macht, welche der Verstorbene während seiner Lebenszeit ausübte, hinterlässt, nämlich die Macht, vermittelst seines Eigentums die Früchte fremder Arbeit auf sich zu übertragen, denn das Land gibt dem lebenden Eigentümer die Macht, unter dem Titel von Grundrente die Früchte der Arbeit anderer auf sich zu übertragen, ohne einen Gleichwert zu geben;

das Kapital gibt ihm die Macht, dasselbe zu tun unter dem Titel von Zins und Profit; das Eigentum in Staatspapieren gibt ihm die Macht, ohne selbst zu arbeiten, von den Früchten der Arbeit anderer leben zu können usw.

Die Erbschaft erzeugt nicht diese Macht der Übertragung der Früchte der Arbeit des einen in die Tasche des andern, sie bezieht sich nur auf den Wechsel der Personen, welche jene Macht ausüben.

Wie jede andere bürgerliche Gesetzgebung sind die Erbschaftsgesetze nicht die Ursache, sondern die Wirkung, die juristische Folge der bestehenden ökonomischen Organisation der Gesellschaft, die auf das Privateigentum in den Mitteln der Produktion begründet ist, d. h. Land, Rohmaterial, Maschinen usw.

Auf dieselbe Weise war das Recht der Erbschaft auf Sklaven nicht die Ursache der Sklaverei, sondern im Gegenteil, die Sklaverei war die Ursache der Erbschaft von Sklaven.

Bericht des Generalrats über das Erbrecht, 1868, 16, 367 [1981]

Die Gleichmachung der Klassen, wörtlich genommen, läuft auf die Harmonie von Kapital und Arbeit hinaus, die die Bourgeoissozialisten so aufdringlich predigen. Nicht die Gleichmachung der Klassen – ein logischer Widersinn, unmöglich zu realisieren –, sondern vielmehr die Abschaffung der Klassen, dieses wahre Geheimnis der proletarischen Bewegung, bildet das große Ziel der Internationalen Arbeiterassoziation.

Der Generalrat an das Zentralkomitee der Internationalen Allianz der sozialistischen Demokratie, 1868, 16, 349 [1981]

1871 — HIMMELSSTÜRMER

1871 erfüllte sich die Prognose von Marx und Engels. In Paris erwiesen sich die Arbeiterinnen und Arbeiter als jene »Himmelsstürmer«, die mit der bürgerlichen Ordnung Schluss machten und eine neue Form von Macht etablierten: die Kommune. In einer Stadt isoliert, konnte sich die proletarische Regierung nur vom 18. März bis zum 28. Mai 1871 halten, ehe sie mit militärischer Gewalt und Massenhinrichtungen niedergeschlagen wurde – von einer französischen bürgerlichen Regierung, die von ihrem preußischen Feind, dem sie zuvor im Krieg unterlegen war, gegen die Arbeiter hochgerüstet worden war. Die Lehren der Kommune – dem Muster einer »Diktatur des Proletariats« – sollten die Schriften von Marx (und Engels) fortan wie ein roter Faden durchziehen.

Aber die Arbeiterklasse kann nicht die fertige Staatsmaschinerie einfach in Besitz nehmen und diese für ihre eignen Zwecke in Bewegung setzen.

Die zentralisierte Staatsmacht mit ihren allgegenwärtigen Organen – stehende Armee, Polizei, Bürokratie, Geistlichkeit, Richterstand, Organe, geschaffen nach dem Plan einer systematischen und hierarchischen Teilung der Arbeit – stammt her aus den Zeiten der absoluten Monarchie, wo sie der entstehenden Bourgeoisgesellschaft als eine mächtige Waffe in ihren Kämpfen gegen den Feudalismus diente. Dennoch blieb ihre Entwicklung gehemmt durch allerhand mittelalterlichen Schutt, grundherrliche und Adelsvorrechte, Lokalprivilegien, städtische und Zunftmonopole und Provinzialverfassungen. Der riesige Besen der französischen Revolution des 18. Jahrhunderts fegte alle diese Trümmer vergangner Zeiten weg und reinigte so gleichzeitig den gesellschaftlichen Boden von den letzten Hindernissen, die dem Überbau des modernen Staatsgebäudes im Wege gestanden. Dies moderne Staatsgebäude erhob sich unter dem ersten Kaisertum, das selbst wieder erzeugt worden war durch die Koalitionskriege des alten halbfeudalen Europas gegen das moderne Frankreich. Während der nachfolgenden Herrschaftsformen wurde die Regierung unter parlamentarische Kontrolle gestellt, d. h. unter die direkte Kontrolle der besitzenden Klassen. Einerseits entwickelte sie sich jetzt zu einem Treibhaus für kolossale Staatsschulden und erdrückende Steuern und wurde vermöge der unwiderstehlichen Anziehungskraft ihrer Amtsgewalt, ihrer Einkünfte und ihrer Stellenvergebung der Zankapfel für die konkurrierenden Fraktionen und Abenteurer der herrschenden Klassen – andrerseits änderte sich ihr politischer Charakter gleichzeitig mit den ökonomischen Veränderungen der Gesellschaft. In dem Maß, wie der Fortschritt der modernen Industrie den Klassengegensatz zwischen Kapital und Arbeit entwickelte, erweiterte, vertiefte, in demselben Maß erhielt die Staatsmacht mehr und mehr den Charakter einer öffentlichen Gewalt zur Unterdrückung der Arbeiterklasse, einer Maschine der Klassenherrschaft. Nach jeder Revolution, die einen Fortschritt des Klassenkampfs bezeichnet, tritt der rein unterdrückende Charakter der Staatsmacht offner und offner hervor.

Der Bürgerkrieg in Frankreich, 1871, 17, 336 [1983]

Es ist das gewöhnliche Schicksal neuer geschichtlicher Schöpfungen, für das Seitenstück älterer und selbst verlebter Formen des gesellschaftlichen Lebens versehn zu werden, denen sie einigermaßen ähnlich sehn. So ist diese neue Kommune, die die moderne Staatsmacht bricht, angesehn worden für eine Wiederbelebung der mittelalterlichen Kommunen, welche jener Staatsmacht erst vorausgingen und dann ihre Grundlage bildeten. Die Kommunalverfassung ist versehn worden für einen Versuch, einen Bund kleiner Staaten, wie Montesquieu und die Girondins ihn träumten, an die Stelle jener Einheit großer Völker zu setzen, die, wenn ursprünglich durch Gewalt zustande gebracht, doch jetzt ein mächtiger Faktor der gesellschaftlichen Produktion geworden ist. – Der Gegensatz der Kommune gegen die Staatsmacht ist versehn worden für eine übertriebne Form des alten Kampfes gegen Überzentralisation. Besondre geschichtliche Umstände mögen die klassische Entwicklung der Bourgeoisregierungsform, wie sie in Frankreich vor sich gegangen, in andren Ländern verhindert und mögen gestattet haben, dass, wie in England, die großen zentralen Staatsorgane sich ergänzen durch korrupte Pfarreiversammlungen (vestries), geldschachernde Stadträte und wutschnaubende Armenverwalter in den Städten und durch tatsächlich erbliche Friedensrichter auf dem Lande. Die Kommunalverfassung würde im Gegenteil dem gesellschaftlichen Körper alle die Kräfte zurückgegeben haben, die bisher der Schmarotzerauswuchs »Staat«, der von der Gesellschaft sich nährt und ihre freie Bewegung hemmt, aufgezehrt hat. Durch diese Tat allein würde sie die Wiedergeburt Frankreichs in Gang gesetzt haben. – Die Mittelklasse der Provinzialstädte sah in der Kommune einen Versuch zur Wiederherstellung der Herrschaft, die sie unter Louis-Philippe über das Land ausgeübt hatte und die unter Louis Bonaparte verdrängt wurde durch die angebliche Herrschaft des Landes über die Städte. In Wirklichkeit aber hätte die Kommunalverfassung die ländlichen Produzenten unter die geistige Führung der Bezirkshauptstädte gebracht und ihnen dort, in den städtischen Arbeitern, die natürlichen Vertreter ihrer Interessen gesichert. – Das bloße Bestehn der Kommune führte, als etwas Selbstverständliches, die lokale Selbstregierung mit sich, aber nun nicht mehr als Gegengewicht gegen die, jetzt überflüssig gemachte, Staatsmacht. Es konnte nur einem Bismarck einfallen, der, wenn nicht von seinen Blut- und Eisenintrigen in Anspruch genommen, gern zu seinem alten, seinem geistigen Kaliber so sehr zusagenden Handwerk als

Mitarbeiter am »Kladderadatsch« zurückkehrt – nur einem solchen Kopf konnte es einfallen, der Pariser Kommune eine Sehnsucht unterzuschieben nach jener Karikatur der alten französischen Städteverfassung von 1791, der preußischen Städteordnung, die die städtischen Verwaltungen zu bloßen untergeordneten Rädern in der preußischen Staatsmaschinerie erniedrigt. – Die Kommune machte das Stichwort aller Bourgeoisrevolutionen – wohlfeile Regierung – zur Wahrheit, indem sie die beiden größten Ausgabequellen, die Armee und das Beamtentum, aufhob. Ihr bloßes Bestehn setzte das Nichtbestehn der Monarchie voraus, die, wenigstens in Europa, der regelrechte Ballast und der unentbehrliche Deckmantel der Klassenherrschaft ist. Sie verschaffte der Republik die Grundlage wirklich demokratischer Einrichtungen. Aber weder »wohlfeile Regierung« noch die »wahre Republik« war ihr Endziel; beide ergaben sich nebenbei und von selbst. Die Mannigfaltigkeit der Deutungen, denen die Kommune unterlag, und die Mannigfaltigkeit der Interessen, die sich in ihr ausgedrückt fanden, beweisen, dass sie eine durch und durch ausdehnungsfähige politische Form war, während alle früheren Regierungsformen wesentlich unterdrückend gewesen waren. Ihr wahres Geheimnis war dies: Sie war wesentlich eine Regierung der Arbeiterklasse, das Resultat des Kampfs der hervorbringenden gegen die aneignende Klasse, die endlich entdeckte politische Form, unter der die ökonomische Befreiung der Arbeit sich vollziehen konnte.

Der Bürgerkrieg in Frankreich, 1871, 17, 340 f. [1983]

In jedem ihrer blutigen Triumphe über die selbstopfernden Vorkämpfer einer neuen und bessern Gesellschaft übertäubt diese, auf die Knechtung der Arbeit gegründete, schmähliche Zivilisation das Geschrei ihrer Schlachtopfer durch einen Hetzruf der Ver-

leumdung, den ein weltweites Echo widerhallt. Das heitere Arbeiter-Paris der Kommune verwandelt sich plötzlich, unter den Händen der Bluthunde der »Ordnung«, in ein Pandämonium. Und was beweist diese ungeheure Verwandlung dem Bourgeoisverstand aller Länder? Nichts, als dass die Kommune sich gegen die Zivilisation verschworen hat! Das Pariser Volk opfert sich begeistert für die Kommune; die Zahl seiner Toten ist unerreicht in irgendeiner früheren Schlacht. Was beweist das? Nichts, als dass die Kommune nicht des Volks eigne Regierung, sondern die Gewalthandlung einer Hand voll Verbrecher war! Die Weiber von Paris geben freudig ihr Leben hin, an den Barrikaden wie auf dem Richtplatz. Was beweist das? Nichts, als dass der Dämon der Kommune sie in Megären und Hekaten verwandelt hat! Die Mäßigung der Kommune, während zweimonatlicher unbestrittner Herrschaft, findet ihresgleichen nur in dem Heldenmut ihrer Verteidigung. Was beweist das? Nichts, als dass die Kommune zwei Monate lang, unter der Maske der Mäßigung und Menschlichkeit, den Blutdurst ihrer teuflischen Gelüste sorgfältig verbarg, um sie in der Stunde ihres Todeskampfs loszulassen!
Das Paris der Arbeiter hat im Akt seiner heroischen Selbstopferung Gebäude und Monumente mit in die Flammen gezogen. Wenn die Beherrscher des Proletariats seinen lebendigen Leib in Stücke reißen, dürfen sie nicht länger darauf rechnen, triumphierend in die unangetasteten Mauern ihrer Wohnsitze wieder einzuziehn. Die Versailler Regierung schreit: Brandstiftung! und flüstert dies Stichwort allen ihren Handlangern zu bis ins entfernteste Dorf, auf ihre Gegner überall Jagd zu machen als der gewerbsmäßigen Brandstiftung verdächtig. Die Bourgeoisie der ganzen Welt sieht der Massenschlächterei *nach* der Schlacht wohlgefällig zu, aber sie entsetzt sich über die Entweihung von Dach und Fach!

Der Bürgerkrieg in Frankreich, 1871, 17, 357 [1983]

Während die europäischen Regierungen so, vor Paris, den internationalen Charakter der Klassenherrschaft bestätigen, schreien sie Zeter über die Internationale Arbeiterassoziation – die internationale Gegenorganisation der Arbeit gegen die weltbürgerliche Verschwörung des Kapitals – als Hauptquelle alles dieses Unheils. Thiers klagte sie an als den Despoten der Arbeit, der sich als ihren Befreier ausgebe. Picard befahl alle Verbindung der französischen Internationalen mit denen des Auslandes abzuschneiden; Graf Jaubert, der alte, zur Mumie gewordene Mitschuldige des Thiers von 1835, erklärte es für die Hauptaufgabe aller Regierungen, sie auszurotten. Die Krautjunker der Nationalversammlung heulen gegen sie, und die gesamte europäische Presse stimmt ein in den Chor. Ein ehrenwerter französischer Schriftsteller [wahrscheinlich Robinet], der unsrer Assoziation durchaus fremd ist, spricht sich aus wie folgt:
»Die Mitglieder des Zentralkomitees der Nationalgarde, wie auch der größere Teil der Mitglieder der Kommune, sind die tätigsten, einsichtigsten und energischsten Köpfe der Internationalen Arbeiterassoziation ... Leute, durchaus ehrlich, aufrichtig, einsichtig, voll Hingebung, rein und fanatisch im *guten* Sinn des Wortes.«
Der polizeigefärbte Bourgeoisverstand stellt sich natürlich die Internationale Arbeiterassoziation vor als eine Art geheimer Verschwörung, deren Zentralbehörde von Zeit zu Zeit Ausbrüche in verschiedenen Ländern befiehlt. Unsere Assoziation ist aber in der Tat nur das internationale Band, das die fortgeschrittensten Arbeiter in den verschiedenen Ländern der zivilisierten Welt vereinigt. Wo immer, und in welcher Gestalt immer, und unter welchen Bedingungen immer der Klassenkampf irgendwelchen Bestand erhält, da ist es auch natürlich, dass Mitglieder unsrer Assoziation im Vordergrund stehen. Der Boden, aus dem sie emporwächst, ist die moderne Gesellschaft selbst. Sie kann nicht niedergestampft werden durch noch so viel Blutvergießen. Um

sie niederzustampfen, müssten die Regierungen vor allem die Zwingherrschaft des Kapitals über die Arbeit niederstampfen – also die Bedingung ihres eigenen Schmarotzerdaseins.
Das Paris der Arbeiter, mit seiner Kommune, wird ewig gefeiert werden als der ruhmvolle Vorbote einer neuen Gesellschaft. Seine Märtyrer sind eingeschreint in dem großen Herzen der Arbeiterklasse. Seine Vertilger hat die Geschichte schon jetzt an jenen Schandpfahl genagelt, von dem sie zu erlösen alle Gebete ihrer Pfaffen ohnmächtig sind.
Der Bürgerkrieg in Frankreich, 1871, 17, 361 f. [1983]

Die letzte Bewegung sei die Kommune gewesen, die größte Bewegung, die es bisher gegeben habe – und darüber könne es nicht zwei Meinungen geben –, die Kommune war die Eroberung der politischen Macht durch die Arbeiterklasse. Über die Kommune habe es viele Missverständnisse gegeben. Sie könne zu keiner neuen Form der Klassenherrschaft führen. Wenn die bestehenden Verhältnisse der Unterdrückung durch die Übergabe der Produktionsmittel an die produzierenden Arbeiter beseitigt würden, wodurch jeder arbeitsfähige Mensch gezwungen wäre, für seinen Lebensunterhalt zu arbeiten, werde auch die einzige Basis der Klassenherrschaft und der Unterdrückung beseitigt. Aber bevor eine solche Veränderung vollzogen werden könne, sei eine Diktatur des Proletariats notwendig, und ihre erste Voraussetzung sei eine Armee des Proletariats. Die arbeitenden Klassen müssten sich das Recht auf ihre Emanzipation auf dem Schlachtfeld erkämpfen. Aufgabe der Internationale sei es, die Kräfte der Arbeiter für den kommenden Kampf zu organisieren und zu vereinen.
Rede auf der Feier zum siebenten Jahrestag der Internationalen Arbeiterassoziation am 25. September 1871 in London, Aufzeichnung eines Korrespondenten, 1871, 17, 433 [1983]

HIMMELSSTÜRMER 1871

In Erwägung,

dass die Emanzipation der Arbeiterklasse durch die Arbeiterklasse selbst erobert werden muss;

dass der Kampf für die Emanzipation der Arbeiterklasse kein Kampf für Klassenvorrechte und Monopole ist, sondern für gleiche Rechte und Pflichten und für die Vernichtung aller Klassenherrschaft;

dass die ökonomische Unterwerfung des Arbeiters unter den Aneigner der Arbeitsmittel, d. h. der Lebensquellen, der Knechtschaft in allen ihren Formen zugrunde liegt – dem gesellschaftlichen Elend, der geistigen Verkümmerung und der politischen Abhängigkeit;

dass die ökonomische Emanzipation der Arbeiterklasse daher der große Endzweck ist, dem jede politische Bewegung, als Mittel, unterzuordnen ist;

dass alle auf dieses Ziel gerichteten Versuche bisher gescheitert sind aus Mangel an Einigung unter den mannigfachen Arbeitszweigen jedes Landes und an der Abwesenheit eines brüderlichen Bundes unter den Arbeiterklassen der verschiedenen Länder;

dass die Emanzipation der Arbeiterklasse weder eine lokale, noch eine nationale, sondern eine soziale Aufgabe ist, welche alle Länder umfasst, in denen die moderne Gesellschaft besteht, und deren Lösung vom praktischen und theoretischen Zusammenwirken der fortgeschrittensten Länder abhängt;

dass die gegenwärtig sich erneuernde Bewegung der Arbeiterklasse in den industriellsten Ländern Europas, während sie neue Hoffnungen wachruft, zugleich feierliche Warnung erteilt gegen einen Rückfall in die alten Irrtümer und zur sofortigen Zusammenfassung der noch zusammenhangslosen Bewegungen drängt;

aus diesen Gründen ist die Internationale Arbeiter-Assoziation gestiftet worden.

Allgemeine Statuten und Verwaltungs-Verordnungen
der Internationalen Arbeiterassoziation, 1871, 17, 441 f. [1983]

»SIE IST NICHT TOT ...«

»*Elle n'est pas morte*«, »*sie ist nicht tot*«, sangen die französischen Arbeiter nach der Niederschlagung der Kommune. Für die Internationale Arbeiterassoziation bedeutete die Tragödie von Paris mittelfristig das Ende. In ganz Europa wurden die »Internationalen« als bluttriefende Bestien denunziert. Die Zentrale unterstützte Geflüchtete finanziell, doch ihre Mittel waren schnell aufgebraucht. Schwelende Konflikte mit der anarchistischen Strömung um den russischen Revolutionär Michail Bakunin führten 1872 zur Verlegung des Sitzes der Internationale in die USA und 1876 zu ihrer Auflösung. Marx, der gesundheitlich stark angegriffen war, korrespondierte und konferierte weiterhin mit Arbeiterführern in ganz Europa. Er lernte sogar Russisch, um die Entwicklung im Zarenreich besser einschätzen zu können. 1883 starb Karl Marx am 14. März in London.

Der Unterschied zwischen einer Arbeiterklasse ohne Internationale und einer Arbeiterklasse mit einer Internationalen Assoziation zeigt sich am schlagendsten, wenn wir auf 1848 zurückblicken. Langer Jahre bedurfte es, bis die Arbeiter selbst das Werk ihrer eigenen Vorkämpfer in der Juniinsurrektion von 1848 erkannt. Die Pariser Kommune wurde sofort begrüßt durch den Jubelruf des Proletariats aller Länder.

Ihr, die Abgeordneten der Arbeiterklasse, versammelt euch, um die streitbare Organisation eines Bundes zu befestigen, dessen Zweck die Emanzipation der Arbeit ist und die Ausrottung der Nationalkämpfe. Fast in demselben Augenblick versammeln sich in Berlin die gekrönten Würdenträger der alten Welt, um neue Ketten zu schmieden und neue Kriege auszuhecken.

Offizieller Bericht des Londoner Generalrats, verlesen in öffentlicher Sitzung des Internationalen Kongresses zu Haag, 1871, 18, 137 [1981]

»SIE IST NICHT TOT ...«

Es versteht sich ganz von selbst, dass, um überhaupt kämpfen zu können, die Arbeiterklasse sich bei sich zu Haus organisieren muss als Klasse und dass das Inland der unmittelbare Schauplatz ihres Kampfs. Insofern ist ihr Klassenkampf, nicht dem Inhalt, sondern, wie das »Kommunistische Manifest« sagt, »der Form nach« national. Aber der »Rahmen des heutigen nationalen Staats«, z. B. des Deutschen Reichs, steht selbst wieder ökonomisch »im Rahmen des Weltmarkts«, politisch »im Rahmen des Staatensystems«. Der erste beste Kaufmann weiß, dass der deutsche Handel zugleich ausländischer Handel ist, und die Größe des Herrn Bismarck besteht ja eben in seiner Art *internationaler* Politik.   *Kritik des Gothaer Programms, 1875, 19, 23 f. [1981]*

Zwischen der kapitalistischen und der kommunistischen Gesellschaft liegt die Periode der revolutionären Umwandlung der einen in die andre. Der entspricht auch eine politische Übergangsperiode, deren Staat nichts andres sein kann als die revolutionäre Diktatur des Proletariats.

Kritik des Gothaer Programms, 1875, 19, 28 [1981]

Ganz verwerflich ist eine »Volkserziehung durch den Staat«. Durch ein allgemeines Gesetz die Mittel der Volksschulen bestimmen, die Qualifizierung des Lehrerpersonals, die Unterrichtszweige etc., und, wie es in den Vereinigten Staaten geschieht, durch Staatsinspektoren die Erfüllung dieser gesetzlichen Vorschriften überwachen, ist etwas ganz andres, als den Staat zum Volkserzieher zu ernennen! Vielmehr sind Regierung und Kirche gleichmäßig von jedem Einfluss auf die Schule auszuschließen. Im preußisch-deutschen Reich nun gar (und man helfe sich nicht mit der faulen Ausflucht, dass man von einem »Zukunftsstaat«

spricht; wir haben gesehn, welche Bewandtnis es damit hat) bedarf umgekehrt der Staat einer sehr rauen Erziehung durch das Volk. *Kritik des Gothaer Programms, 1875, 19, 30 f. [1981]*

An mehreren Stellen im »Kapital« spiele ich auf das Schicksal an, das die Plebejer des alten Roms ereilte. Das waren ursprünglich freie Bauern, die, jeder auf eigne Rechnung, ihr eignes Stück Land bebauten. Im Verlauf der römischen Geschichte wurden sie expropriiert. Die gleiche Entwicklung, die sie von ihren Produktions- und Subsistenzmitteln trennte, schloss nicht nur die Bildung des Großgrundbesitzes, sondern auch die großer Geldkapitalien ein. So gab es eines schönen Tages auf der einen Seite freie Menschen, die von allem, außer ihrer Arbeitskraft, entblößt waren, und auf der andern, zur Ausbeutung dieser Arbeit, die Besitzer all der erworbenen Reichtümer. Was geschah? Die römischen Proletarier wurden nicht Lohnarbeiter, sondern ein faulenzender Mob, noch verächtlicher als die sog. »poor whites« der Südstaaten der Vereinigten Staaten, und an ihrer Seite entwickelte sich keine kapitalistische, sondern eine auf Sklavenarbeit beruhende Produktionsweise. Ereignisse von einer schlagenden Analogie, die sich aber in einem unterschiedlichen historischen Milieu abspielten, führten also zu ganz verschiedenen Ergebnissen. Wenn man jede dieser Entwicklungen für sich studiert und sie dann miteinander vergleicht, wird man leicht den Schlüssel zu dieser Erscheinung finden, aber man wird niemals dahin gelangen mit dem Universalschlüssel einer allgemeinen geschichtsphilosophischen Theorie, deren größter Vorzug darin besteht, übergeschichtlich zu sein.

Brief an die Redaktion der »Otetschestwennyje Sapiski«,
1875, 19, 111 f. [1981]

»SIE IST NICHT TOT ...«

Was uns betrifft, so steht uns nach unsrer ganzen Vergangenheit nur ein Weg offen. Wir haben seit fast 40 Jahren den Klassenkampf als nächste treibende Macht der Geschichte und speziell den Klassenkampf zwischen Bourgeoisie und Proletariat als den großen Hebel der modernen sozialen Umwälzung hervorgehoben; wir können also unmöglich mit Leuten zusammengehn, die diesen Klassenkampf aus der Bewegung streichen wollen. Wir haben bei der Gründung der Internationalen ausdrücklich den Schlachtruf formuliert: Die Befreiung der Arbeiterklasse muss das Werk der Arbeiterklasse selbst sein. Wir können also nicht zusammengehn mit Leuten, die es offen aussprechen, dass die Arbeiter zu ungebildet sind, sich selbst zu befreien, und erst von oben herab befreit werden müssen durch philanthropische Groß- und Kleinbürger. Wird das neue Parteiorgan eine Haltung annehmen, die den Gesinnungen jener Herren entspricht, bürgerlich ist und nicht proletarisch, so bleibt uns nichts übrig, so leid es uns tun würde, als uns öffentlich dagegen zu erklären und die Solidarität zu lösen, mit der wir bisher die deutsche Partei dem Ausland gegenüber vertreten haben. Doch dahin kommt's hoffentlich nicht. *Zirkularbrief an Bebel, Liebknecht, Bracke u. a., 1879, 19, 165 f. [1981]*

Das »Kommunistische Manifest« hatte zur Aufgabe, die unvermeidlich bevorstehende Auflösung des modernen bürgerlichen Eigentums zu proklamieren. In Russland aber finden wir, gegenüber rasch aufblühendem kapitalistischen Schwindel und sich eben erst entwickelndem bürgerlichen Grundeigentum, die größere Hälfte des Bodens im Gemeinbesitz der Bauern. Es fragt sich nun: Kann die russische Obschtschina, eine wenn auch stark untergrabene Form des uralten Gemeinbesitzes am Boden, unmittelbar in die höhere des kommunistischen Gemeinbesitzes übergehn? Oder muss sie umgekehrt vorher denselben Auflösungsprozess durchlaufen, der die geschichtliche Entwicklung des Westens ausmacht?

Die einzige Antwort hierauf, die heutzutage möglich, ist die: Wird die russische Revolution das Signal einer proletarischen Revolution im Westen, so dass beide einander ergänzen, so kann das jetzige russische Gemeineigentum am Boden zum Ausgangspunkt einer kommunistischen Entwicklung dienen.

Vorrede zur zweiten russischen Ausgabe des
»Manifests der Kommunistischen Partei«, 1882, 19, 296 [1981]

ZEITTAFEL

1818, 5. Mai: Karl Marx wird als drittes von neun Kindern des Rechtsanwalts Heinrich und der Hausfrau Henriette Marx in Trier (Großherzogtum Niederrhein) geboren.

1824: Nachdem der Vater bereits früher zum Protestantismus konvertiert ist, werden auch die Kinder evangelisch getauft.

1835–1836: Studium der Rechtswissenschaft und Kameralistik an der Universität Bonn. Verurteilung wegen »nächtlichen Lärmens und Trunkenheit«.

1836–1841: Studium der Philosophie an der Universität Berlin, nachdem er sich von der Jurisprudenz abgewandt hatte. Anschluss an den »Doctorclub«, einen linkshegelianischen Kreis um die Brüder Bruno und Edgar Bauer.

1841: Promotion zum Dr. phil. an der Universität Jena. Eine Professur wurde ihm vom preußischen Staat verwehrt, da er als bekannter Linkshegelianer galt.

1842–1843: Redakteur der »Rheinischen Zeitung für Politik, Handel und Gewerbe« in Köln. Unter seinem und dem Einfluss seiner Freunde Ruge und Herwegh radikalisiert sich das Blatt, es kommt zu Verwerfungen mit Bruno Bauer, dem Marx zu wenig Interesse an der politischen Aktion vorwirft.

1842, November: Erste Begegnung mit Friedrich Engels (1820–1895).

1843: Hochzeit mit Jenny von Westphalen. Vier der sieben Kinder des Paares sterben.

1843, 1. April: Wegen Verstößen gegen die Zensur wird die »Rheinische Zeitung« verboten.

1843, Oktober: Das Ehepaar Marx trifft in Paris ein. Marx beginnt mit Ruge die Herausgabe der »Deutsch-Französischen Jahrbücher«. Beginn der engen Zusammenarbeit mit Engels. Bekanntschaft mit Heinrich Heine.

ZEITTAFEL

1844: Intensivere Beschäftigung mit politischer Ökonomie, Kritik an den französischen (»utopischen«) Sozialisten.

1845, Anfang des Jahres: Auf Druck der preußischen Regierung Ausweisung aus Frankreich, Exil in Brüssel. In Deutschland hätte wegen der »Jahrbücher« ein Hochverratsprozess gedroht.

1845: Gemeinsam mit Engels »Die heilige Familie«, eine polemische Abrechnung mit den Linkshegelianern, im Herbst die »Deutsche Ideologie« und eine Polemik gegen Max Stirners »Der Einzige und sein Eigentum«. Studienreise mit Engels nach England, Kontakte zum revolutionären Flügel der Chartisten. Da Preußen Marx' Ausweisung aus Belgien betreibt, legt er die preußische Staatsbürgerschaft ab und wird staatenlos.

1846: Mit Engels gründet Marx das »Kommunistische Korrespondenz-Komitee«, das dem Zusammenschluss der revolutionären Kommunisten Deutschlands und anderer Länder dienen soll.

1847: Marx und Engels treten Weitlings »Bund der Gerechten« bei. Gemeinsam setzen sie eine Umgründung als »Bund der Kommunisten« durch.

1848: Marx und Engels verfassen das am 21. Februar in London erscheinende »Manifest der Kommunistischen Partei«.

1848: Nach der Februarrevolution in Paris Ausweisung der Familie Marx aus Belgien und vorübergehendes Exil in Paris.

1848, März: Nach Ausbruch der Revolution Rückkehr nach Köln, Marx wird Chefredakteur der »Neuen Rheinischen Zeitung. Organ der Demokratie« in Köln.

1849, 19. Mai: Verbot der »Neuen Rheinischen Zeitung«, Freispruch im Prozess wegen »Aufreizung zur Rebellion«.

1849–1883: Exil in London. Die Familie Marx lebt unter ärmlichen Bedingungen von journalistischen Einkünften und der finanziellen Unterstützung durch Friedrich Engels. Marx und Engels widmen sich einerseits der politischen Leitung des »Bundes der Kommunisten« und, nach dessen Unterdrückung, der Vernetzung seiner radikalsten Mitglieder.

1852–1862: Marx arbeitet als Korrespondent der »New York Daily Tribune«.

1859: »Zur Kritik der politischen Ökonomie« erscheint als erste Frucht der intensiven ökonomischen Studien. Da Marx aber mit dem Gesamtplan noch nicht zufrieden war, startete er das Projekt neu, daraus entsteht das 1867 veröffentlichte Werk »Das Kapital«.

1861: Reise nach Deutschland, Treffen mit Ferdinand Lassalle in Berlin, erfolgloser Versuch, die preußische Staatsbürgerschaft zurückzuerhalten.

1862: Regelmäßiger Kontakt mit Wilhelm Liebknecht in Berlin.

1864: Marx ist federführend an der Gründung der »Internationalen Arbeiter-Assoziation« (Erste Internationale) in London beteiligt und verfasst die Inauguraladresse und die Statuten.

1865: Die Internationale solidarisiert sich mit dem Kampf der amerikanischen Nordstaaten gegen die Sklavenhalter im Süden.

1867: Der erste Band des »Kapital« erscheint.

1869: Marx wird zum Mitglied der Royal Society for the Encouragement of Arts, Manufactures & Commerce gewählt.

1870/71: Deutsch-Französischer Krieg.

1871, 18. März bis 28. Mai: Arbeiteraufstand in Paris, Gründung der Pariser Commune, die für Marx und Engels zum Prototypen der Diktatur des Proletariats wird.

ZEITTAFEL

1872: Nach der Niederschlagung der Commune und der europaweiten Repression gegen die Revolutionäre sowie durch die Differenzen mit den Anarchisten um Bakunin wird die Erste Internationale durch die Verlegung des Zentralrats in die USA faktisch aufgelöst.

1881: Tod von Jenny Marx.

1882: Reisen in die Schweiz, nach Frankreich und Algier.

1883: Im Januar stirbt Marx' »am meisten geliebte Tochter« Jenny Caroline Longuet.

1883, 14. März: Marx stirbt nach langer Krankheit in London und wird auf dem Friedhof Highgate beigesetzt.